もくじ

開隆堂版　英語 2 年

JN096364

音声を web サイトよりダウンロードする
ときのパスワードは『**9HEPN**』です。

テストの範囲や
学習予定日を
かこう！

学習計画	
出題範囲	学習予定日
5/14	5/10
テストの日	5/11

HELLO!

Start of a New School Year 〜 情報をつなげながら, メモをとろう

テストに出る! ココが要点&チェック!

未来表現 　　　　　　　　　　　　　　　　　　　　　　　教 p.7〜p.15

1 be going to 〜 「〜する予定です」 →★(1)(2)

「〜する予定です」とすでに決まっている未来の予定は〈be going to + 動詞の原形〉で表す。be 動詞は主語によって, am, are, is を使い分ける。

| 現在 | I | see Joe every Sunday. | 私は毎週日曜日にジョーに会います。 |

⇓

肯定文 I**'m going to** see Joe next Sunday.　私は今度の日曜日にジョーに会う予定です。
　　　　└▶ be 動詞は主語にあわせる　└▶ 動詞は原形　└▶ 未来を表す語句

否定文 I'm **not** going to see Joe next Sunday.
　　　　　　└▶ be 動詞のあとに not を置く　　　私は今度の日曜日にジョーに会う予定ではありません。

疑問文 **Are** you **going to see** Joe next Sunday?
　　　　　　└▶ 主語の前に be 動詞　　　　あなたは今度の日曜日にジョーに会う予定ですか。

　　　　 — Yes, I **am**. / No, I**'m not**.　はい, そうです。/ いいえ, そうではありません。
be 動詞を使って答える ┘

2 will 「〜しようと思う」「〜でしょう」 →★(3)(4)

話しているその場で「〜しようと思う」と決めた未来のことを伝えるときや「〜でしょう」という話し手の推測を伝えるときは〈will + 動詞の原形〉を使う。

意思 I**'ll go** to the library today. So I **won't** clean my room.
　　　└▶ I will の短縮形　　　　　　　　　　└▶ will not の短縮形

　　　　　　　　私は今日, 図書館へ行こうと思います。だから, 部屋を掃除しようとは思いません。

推測 It**'ll** be rainy tomorrow. So my sister **won't** play tennis.

　　　　　　　　　明日は雨でしょう。だから, 姉はテニスをしないでしょう。

疑問文 **Will** it be rainy tomorrow?　明日は雨でしょうか。

　　　　 — Yes, it **will**. / No, it **won't**.　はい, そうでしょう。/ いいえ, そうではないでしょう。

┌─── be going to 〜 と will の違い ───┐

I**'m going to buy** this bike.　私はこの自転車を買う予定です。
　　└▶ 前から決めていた予定

I **will buy** this bike.　私はこの自転車を買おうと思います。
　　└▶ その場で決めたこと

接続詞を使った文

教 p.7〜p.15

3 接続詞 when 「〜のとき…」

→★(5)(6)

「〜のとき…」は〈When 〜, ...〉の形で表す。When のあとには〈主語＋動詞〉を置く。When 〜のあとにはカンマ(,)を置く。when 〜は文の後半に置くこともできる。

When I got home **,** my brother was cleaning the room.
└── when 〜が前にくるときはカンマ(,)が必要

私が帰宅したとき，兄は部屋を掃除しているところでした。

= My brother was cleaning the room **when** I got home.
　　　　　　　　　　　　　　　　└── when 〜が文の後半にくるときはカンマ(,)は不要

・ 接続詞 when の使い方の注意点 ・

▶when 〜 の「〜」の部分では未来のことでも動詞は現在形を使う。
(○)　I will call you when he comes here tomorrow.
(×)　I will call you when he will come here tomorrow.

---

4 接続詞 if 「もし〜ならば…」

→★(7)

「もし〜ならば…」と条件を言うときは〈If 〜, ...〉の形で表す。If のあとには〈主語＋動詞〉を置く。If 〜のあとにもカンマ(,)を置く。if 〜は文の後半に置くこともできる。

If you're free today **,** let's play tennis.
└── if 〜が前にくるときはカンマ(,)が必要

もしあなたが今日ひまなら，テニスをしましょう。

= Let's play tennis **if** you're free today.
　　　　　　　　　　　└── if 〜が文の後半にくるときはカンマ(,)は不要

・ 接続詞 if の使い方の注意点 ・

▶if 〜 の「〜」の部分では未来のことでも動詞は現在形を使う。
(○)　If it is sunny tomorrow, let's play tennis.
(×)　If it'll be sunny tomorrow, let's play tennis.

☆チェック！ 日本文にあうように，( )に適する語を書きなさい。

1
- □ (1) We ( ) going to play soccer next week.　私たちは来週サッカーをする予定です。
- □ (2) Are you going ( ) study math tomorrow? あなたは明日，数学を勉強する予定ですか。
  　— Yes, I ( ).　— はい，する予定です。

2
- □ (3) I ( ) get up early tomorrow.　私は明日，早く起きようと思います。
- □ (4) It ( ) be rainy tomorrow.　明日は雨ではないでしょう。

3
- □ (5) I was having lunch ( ) she visited me.
  　彼女が私を訪ねてきたとき，私は昼食をとっていました。
- □ (6) When I came home, she ( ) cooking.
  　私が家に帰ったとき，彼女は料理をしていました。

4
- □ (7) ( ) you ( ) late, I'll call you.
  　もしあなたが遅れたら，私はあなたに電話します。

テスト対策問題

テスト対策ナビ

♪ リスニング

♪ a01

1 対話と質問を聞いて，その答えとして適するものを1つ選び，記号で答えなさい。

(1) ア　She is going to visit her friend in Okinawa.　イ　She is going to stay home.

　　ウ　She is going to visit her friend in Kyoto.　　　　　　　　　　　（　　　）

(2) ア　Yes, she will. She'll go shopping.　　イ　No, she won't. She will go fishing.

　　ウ　No, she won't. She'll go to the library.　　　　　　　　　　（　　　）

2 (1)〜(6)は単語の意味を書き，(7)〜(10)は日本語を英語にしなさい。

(1) soon 　（　　　　　）　(2) evening 　（　　　　　）

(3) move 　（　　　　　）　(4) forget 　（　　　　　）

(5) overseas 　（　　　　　）　(6) plan 　（　　　　　）

(7) 自由な, ひまな ＿＿＿＿＿　(8) 心配な ＿＿＿＿＿

(9) 望む, 希望する ＿＿＿＿＿　(10) 泣く ＿＿＿＿＿

2　重要単語
(4)不規則動詞

(6) plan は名詞，動詞の両方で使う。

3　重要表現
(1) go 〜 ing で「〜しに行く」。
(2)話題をかえるときに使う表現。
(4)相手への気づかいを表すときに使う表現。相手に注意を促すときは be careful を使う。please を文末に置くときは前にカンマ(,)をつける。
(5)動詞を過去形にする。
(7)主語は She。代名詞の部分は主語にあわせてかえる。

よく出る **3** 次の日本文にあうように，＿＿＿に適する語を書きなさい。

(1) 魚つりに行きましょう。— いいですよ。喜んで。

　　Let's go ＿＿＿＿＿. — OK. ＿＿＿＿＿ ＿＿＿＿＿.

(2) ところで，明日はひまですか。

　　＿＿＿＿＿ ＿＿＿＿＿ ＿＿＿＿＿, are you free tomorrow?

(3) 特に何もないです。

　　＿＿＿＿＿ special.

(4) 気をつけてくださいね。

　　＿＿＿＿＿ ＿＿＿＿＿, please.

(5) 私は5時に家に帰りました。

　　I ＿＿＿＿＿ ＿＿＿＿＿ at five.

(6) あなたは疲れています。どうしたの？

　　You are tired. ＿＿＿＿＿ up?

(7) 彼女は最善をつくすでしょう。

　　She will ＿＿＿＿＿ ＿＿＿＿＿ ＿＿＿＿＿.

4 次の文の（　）内から適する語句を選び，○で囲みなさい。

(1) I (am going buy / am going to buy) a new pen.

(2) Yumi (is / are) going to swim next Saturday.

(3) They (not / aren't) going to study English tomorrow.

ミス注意！ (4) Are you (going to visit / visit) Kyoto next year?

　　— No, I (am / do) not.

4　be going to 〜 の文

ポイント

be going to 〜
①すでに決定している予定を言うときに使う。
②be 動詞は主語にあわせてかえる。
③to のあとは動詞の原形を使う。

p.3 答　(1) are　(2) to / am　(3) will　(4) won't　(5) when　(6) was　(7) If, are

5 次の対話文を読んで，あとの問いに答えなさい。　　　　**5** 本文の理解

Daniel: ① [you / go / going / to / are / to] a local school ?
　Miki: Yes.　I'm a little bit worried.
Daniel: It's OK.　② <u>You'll</u> make new friends soon.
　Miki: I hope so.　I won't forget you all.
Daniel: Keep in touch, Miki.
　Miki: ③ <u>(　　　　)(　　　　).</u>　I'll email you often.

---

(1)　下線部①が「あなたは地元の学校に通う予定ですか。」という
　　意味になるように，[　]内の語を並べかえなさい。

　　_____ a local school?

(2)　下線部②を 2 語で書きなさい。　_____ _____

(3)　下線部③が「もちろん。」という意味になるように，(　)に適
　　する語を書きなさい。　　_____ _____.

(1) be going to 〜の疑
問文。

(2) You'll は短縮形。

6 次の日本文にあうように，_____ に適する語を書きなさい。

(1)　私は今晩，宿題をしようと思います。

　　I _____ _____ my homework this evening.

(2)　彼女は明日，夕飯を作らないでしょう。

　　She _____ cook dinner tomorrow.

<img style icon> (3)　今年の夏は暑いでしょう。

　　It _____ _____ hot this summer.

6　will 〜の文
(2) will not の短縮形。

> **ミス注意！**
> will のあとに be 動詞
> がくるときは，原形の
> **be** にする。

7 次の 2 文を(　)内の指示にしたがって 1 文にしなさい。

(1)　I was sleeping.　You visited me.　（when を文の初めに）

　　_____

(2)　You are free.　Please call me.　（if を文の途中に）

　　_____

<img icon> (3)　I will play tennis.　It will be sunny tomorrow.（if を文の初めに）

　　_____

7　接続詞 when, if

> **ポイント**
> ・if や when が 文 頭
> にくるときは，次の
> 文の前にカンマ(,)
> を置く。
> ・時や条件を表す if
> [when]〜では，未
> 来のことでも動詞は
> **現在形**を使う。

8 次の日本文を英語になおしなさい。

(1)　彼は来週，京都へ旅行する予定です。（9 語で）

　　_____

(2)　明日はくもりでしょう。（5 語で）

　　_____

8　英作文
(1)「旅行する」は
travel。
(2)天候を表すときは，
主語に it を使う。

テストに出る!
予想問題

PROGRAM 1 〜 Steps 1
Start of a New School Year 〜 情報をつなげながら，メモをとろう

⏱ 30分

/100点

1 英文と質問を聞いて，内容にあう絵を1つ選び，記号で答えなさい。　♪ a02　〔5点〕

ア　イ　ウ　エ

（　　　）

2 英文と質問を聞いて，その答えとして適するものを1つ選び，記号で答えなさい。　♪ a03

ア　She will go to school by car.　　イ　She will go to school by bus.　〔5点〕

ウ　She will walk to school.　　　　　　　　　　　　　　　　　　　　（　　　）

3 次の日本文にあうように，＿＿に適する語を書きなさい。　　　4点×4〔16点〕

(1) 私は今週の日曜日は家にいる予定です。

I am going to ＿＿＿＿＿＿＿ ＿＿＿＿＿＿＿ this Sunday.

(2) 私が家に帰ったとき，母はピアノをひいていました。

When I ＿＿＿＿＿＿＿ ＿＿＿＿＿＿＿, my mother was playing the piano.

(3) ご家族によろしく伝えてください。

Please ＿＿＿＿＿＿＿ ＿＿＿＿＿＿＿ ＿＿＿＿＿＿＿ your family.

(4) あなたはどんな種類の本を読みますか。

What ＿＿＿＿＿＿＿ ＿＿＿＿＿＿＿ book do you read?

4 次の文を（　）内の指示にしたがって書きかえなさい。　　5点×2〔10点〕

(1) You don't start now. You will be late.　（If で始まる1つの文に）

＿＿＿＿＿＿＿＿＿＿＿＿＿＿＿＿＿＿＿＿＿＿＿＿＿＿＿＿＿＿＿＿＿

やや難 (2) I got up at nine o'clock.　（It was で始まる8語の同じ内容の文に）

＿＿＿＿＿＿＿＿＿＿＿＿＿＿＿＿＿＿＿＿＿＿＿＿＿＿＿＿＿＿＿＿＿

5 次の対話が成り立つように，＿＿に適する語を書きなさい。　　4点×3〔12点〕

(1) ＿＿＿＿＿＿＿ he clean his room tomorrow?

— Yes, he ＿＿＿＿＿＿＿.

ミス注意! (2) ＿＿＿＿＿＿＿ ＿＿＿＿＿＿＿ you going to do next Sunday?

— I'm going to go to Ueno Zoo.

(3) Where were you ＿＿＿＿＿＿＿ I visited you?

— I was in the park.

6 美希からダニエルへのメールを読んで，あとの問いに答えなさい。 〔17点〕

I had a great time at the farewell party. ①[for / sang / everyone / when / a / song me], I almost cried. I'll miss everyone.
This will ②(is) my first long stay overseas. ③I will do my best at my new school.
④If you (   )(   ), tell me about your new class.
Please say hello to everyone.

(1) 下線部①が「みなさんが私のために歌を歌ってくれたとき」という意味になるように，[ ]内の語を並べかえなさい。 〈5点〉

_____

(2) ②の( )内の語を適する形になおしなさい。 _____ 〈4点〉

(3) 下線部③を日本語になおしなさい。 〈4点〉

(   )

(4) 下線部④が「もし時間があれば」という意味になるように，( )に適する語を書きなさい。 If you _____ _____, 〈4点〉

7 [ ]内の語句を並べかえて，日本文にあう英文を書きなさい。 5点×4〔20点〕

(1) 私は明日，彼に手紙を書こうと思います。
[write / him / a / I / letter / will / to] tomorrow.

_____ tomorrow.

(2) もし遅れるなら，私に電話をください。 Please [me / if / are / you / call / late].
Please _____.

(3) 私は子どものとき，神戸に住んでいました。
I [lived / a / child / Kobe / when / in / was / I].
I _____.

(4) あなたは来週どこに行く予定ですか。
[go / are / to / you / next week / going / where]?

_____

8 次の日本文を英語になおしなさい。 5点×3〔15点〕

(1) 私は今日の午後，その本を読む予定です。

_____

(2) 私の母は今度の日曜日にケーキを作るでしょう。

_____

(3) 今朝，私が起きたとき，くもっていました。

_____

PROGRAM 2

HELLO!

Leave Only Footprints

テストに出る！ **ココが要点&チェック！**

接続詞 that

教 p.17〜p.25

1 「〜だと思う」

⇒ ★(1)(2)(3)(4)

「〜だと思う」は，〈人＋think (that)〜〉の形で表す。この that は接続詞で，that 以下には〈主語＋動詞 〜〉の文を続ける。that は省略することも可能。

The woman is a popular singer.

その女性は人気のある歌手です。

肯定文　I　**think** (that) the woman is a popular singer.

that は省略できる　　think の内容＝〈主語＋動詞〉

私はその女性は人気のある歌手だと思います。

否定文　I **don't think** (that) the woman is a popular singer.

一般動詞の否定文の形　　that は省略できる　　that 以下は肯定文で表す

私はその女性は人気がある歌手ではないと思います。

・「〜ではないと思う」の言い方・

▶that 以下の内容を否定するときは，〈人＋don't[doesn't] think (that)〜〉の形で表す。ふつう，that 以下を否定文にはしない。
(×)　I think (that) the woman isn't a popular singer.

★ know, say, hope, hear などの動詞もあとに〈(that)＋主語＋動詞 〜〉が続く形で使われる。

I know (that) your mother is a doctor.　　私はあなたのおかあさんが医者だと知っています。
I hope (that) it will be sunny tomorrow.　　私は明日晴れるといいと思います。

助動詞 must

教 p.17〜p.25

2 「〜しなければならない」

⇒ ★(5)(6)(7)

「〜しなければならない」と義務や命令を表すときは〈must＋動詞の原形〉の形を使う。また，〈must not＋動詞の原形〉は「〜してはいけない」という禁止の意味を表す。

義務　We **must** pick up some garbage.　　私たちはごみを拾わなくてはなりません。

〜しなければならない　　動詞の前　動詞は原形

禁止　You **must not** pick up this flower.　　この花をつんではいけません。

〜してはいけない　短縮形は mustn't　　動詞は原形

＝ **Don't** pick up this flower.

禁止の命令文＝Don't 〜.

have[has] to

3 「〜しなければならない」

→★(8)〜(13)

「〜しなければならない」と必要性や義務を表すときは〈have[has] to＋動詞の原形〉の形を使う。
また，〈don't[doesn't] have to＋動詞の原形〉は「〜する必要はない」を意味する。

肯定文 We **have to** hurry now.
〜しなければならない
→動詞の原形
→主語や時制にあわせた形に
　　　　　　　　　　　　　　　　　　私たちは今急がなくてはなりません。

She **has to** hurry now.
→have の三人称・単数・現在形
　　　　　　　　　　　　　　　　　　彼女は今急がなくてはなりません。

否定文 We **don't have to** hurry now.
〜する必要はない
→動詞の原形
→主語や時制にあわせた形に
　　　　　　　　　　　　　　　　　　私たちは今急ぐ必要はありません。

She **doesn't have to** hurry now.
→don't の三人称・単数・現在形
　　　　　　　　　　　　　　　　　　彼女は今急ぐ必要はありません。

・「〜しなければならなかった」（過去）の言い方・

▶must には過去形がないので，have to の過去形 had to を使って表す。

We **had** to hurry then.　　私たちはそのとき急がなくてはなりませんでした。
→have の過去形

We **didn't have to** hurry then.　　私たちはそのとき急ぐ必要はありませんでした。
→don't の過去形

☆チェック！ 日本文にあうように，（ ）内から適する語句を選びなさい。

1
- [ ] (1) I think (this / that) he is so cool. 　　私は彼はとてもかっこいいと思います。
- [ ] (2) I (think / don't think) she (can / can't) swim. 　　私は彼女は泳げないと思います。
- [ ] (3) I know (that / it) was rainy yesterday. 　　私は昨日雨だったと知っています。
- [ ] (4) Do you (want / hope) that she will come? 　　あなたは彼女が来ればいいと思いますか。

2
- [ ] (5) You (must / will) help your mother. 　　あなたはお母さんを手伝わなくてはなりません。
- [ ] (6) We (don't must / must not) run here. 　　私たちはここで走ってはいけません。
- [ ] (7) She must (cleans / clean) the room. 　　彼女は部屋を掃除しなくてはなりません。

3
- [ ] (8) I (have to / have) do my homework. 　　私は宿題をしなくてはなりません。
- [ ] (9) My sister (have / has) to carry the box. 　　妹はその箱を運ばなくてはなりません。
- [ ] (10) They (have not / don't have) to get up early. 　　彼らは早く起きる必要はありません。
- [ ] (11) He (had / has) to go there yesterday. 　　彼は昨日そこへ行かなければなりませんでした。
- [ ] (12) Ms. Imai (didn't have / didn't had) to dance. 　　イマイさんは踊る必要はありませんでした。
- [ ] (13) Does Keiko (have / has) to walk to school?

ケイコは学校へ歩いて行かなくてはなりませんか。

テスト対策問題

テスト対策ナビ

♪a04

リスニング

1 対話と質問を聞き，その答えとして適する絵を1つ選び，記号で答えなさい。

ア　イ　ウ　エ

(　　　)

2 (1)〜(6)は単語の意味を書き，(7)〜(10)は日本語を英語にしなさい。

(1) history 　(　　　　　)　(2) garbage 　(　　　　　)

(3) everything(　　　　　)　(4) trouble 　(　　　　　)

(5) exactly 　(　　　　　)　(6) national 　(　　　　　)

(7) 難しい ＿＿＿＿＿＿＿　(8) 急ぐ ＿＿＿＿＿＿＿

(9) 思う，信じる＿＿＿＿＿　(10) 建てる ＿＿＿＿＿＿＿

2 重要単語

(5)-ly で終わる単語は形容詞か副詞のことが多い。多くの場合，形容詞＋-ly → 副詞名詞＋-ly → 形容詞

よく出る **3** 次の日本文にあうように，＿＿に適する語を書きなさい。

(1) 彼は日本の文化に興味があります。

He ＿＿＿＿＿ ＿＿＿＿＿ ＿＿＿＿＿ Japanese culture.

(2) 私は昨日早く寝ました。

I ＿＿＿＿＿ ＿＿＿＿＿ ＿＿＿＿＿ early yesterday.

ミス注意! (3) それらを拾い上げてください。

Please ＿＿＿＿＿ ＿＿＿＿＿ ＿＿＿＿＿.

(4) さあ，行きますよ。 ＿＿＿＿＿ ＿＿＿＿＿ go.

3 重要表現

(1)be 動詞は主語や時制にあわせてかえる。

(2)動詞を過去形にする。

(3)「それらを」を入れる位置に注意する。

4 次の2つの英文を，that を文の途中に使って1つの英文に書きかえなさい。また，作った英文を日本語になおしなさい。

(1) I think. She can sing well.

＿＿＿＿＿＿＿＿＿＿＿＿＿＿＿＿＿＿＿＿＿

(　　　　　　　　　　　　　　　　　　　　)

(2) Do you know? Ken likes dogs.

＿＿＿＿＿＿＿＿＿＿＿＿＿＿＿＿＿＿＿＿＿

(　　　　　　　　　　　　　　　　　　　　)

ミス注意! (3) I think. It will not be rainy.

＿＿＿＿＿＿＿＿＿＿＿＿＿＿＿＿＿＿＿＿＿

(　　　　　　　　　　　　　　　　　　　　)

4 接続詞 that の文

ポイント

・I think that 〜.「私は〜だと思う。」
・that は省略可能。
・know, hope, say, hear なども同じ形で使うことができる。

(3)「〜ではないと思う」を表すとき，that 以下の部分を否定文にしない。think を否定する形(I don't think that 〜.)にする。

p.9 答 (1) that (2) don't think, can (3) it (4) hope (5) must (6) must not (7) clean (8) have to (9) has (10) don't have (11) had (12) didn't have (13) have

5 次の会話文を読んで，あとの問いに答えなさい。

Miki: "Take only pictures, leave only footprints." Right?
Eric: Yes. We can take pictures, but we （ ① ） not take anything from the forest.
Tom: And we （ ② ） bring our garbage home.
Miki: Yes, of course. ③〔 protect / must / nature / we 〕.
Eric: Now, let's move. ④If you have any trouble, please tell me.

(1) ①，②の（ ）に共通する語を書きなさい。

(2) 下線部③が「私たちは自然を保護しなくてはなりません。」という意味になるように，〔 〕内の語を並べかえなさい。

(3) 下線部④を日本語になおしなさい。
( )

6 次の文を must を使って書きかえるとき，＿＿に適する語を書きなさい。

(1) Ema practices hard.
Ema ＿＿＿＿＿ ＿＿＿＿＿ hard.

(2) Does he walk to school?
＿＿＿＿＿ he ＿＿＿＿＿ to school?

(3) Don't use this bike.
You ＿＿＿＿＿ ＿＿＿＿＿ use this bike.

7 次の文を（ ）内の指示にしたがって書きかえなさい。

(1) She must learn English. （「〜する必要はない」を表す文に）
＿＿＿＿＿

(2) We must wash the car. （yesterday を加えて）
＿＿＿＿＿

(3) My brother has to go there. （疑問文に）
＿＿＿＿＿

8 次の日本文を英語になおしなさい。

(1) 私は昨日，図書館に行かなくてはなりませんでした。
＿＿＿＿＿

(2) あなたは彼がよいサッカー選手だと思いますか。(that を使って)
＿＿＿＿＿

5 本文の理解
(1)①文脈から「〜してはいけない」の意味にする。
(2)must のあとには動詞の原形を置く。

6 must を使った文
(1)must のあとは動詞の原形。
(2)疑問文は must を主語の前に出す。
(3)禁止の文は must の否定文で表す。

7 have to を使った文
(1)must not は「〜してはいけない」。「〜する必要はない」は？
(2)must の過去形はない。過去の文では have to の過去形を使う。
(3)has to の疑問文は文頭に does を置く。

8 英作文
(1)have to の過去形を使う。
(2)that 以下は〈主語＋動詞 〜〉の形にする。

11

テストに出る！

予想問題

PROGRAM 2
Leave Only Footprints

⏱ 30分

/100点

🎵 **1** 英文を聞いて，生徒がすべきことを表す絵を1つ選び，記号で答えなさい。 ♪ a05 〔5点〕

（　　　）

🎵 **2** 対話と質問を聞いて，その答えとして適するものを1つ選び，記号で答えなさい。 ♪ a06

ア　Yes, she is.　　　　イ　Yes, she does.　　　　〔5点〕

ウ　She is a writer.　　　エ　No, she doesn't.　　　（　　　）

よく出る **3** 次の文を（　）内の指示にしたがって書きかえなさい。 5点×3〔15点〕

ミス注意！ (1)　Don't run in the hospital.　（You で文を始めて同じ内容を6語で表す文に）

_____

(2)　My sister must play the piano <u>every day</u>.　（下線部を yesterday にかえて）

_____

(3)　I think.　She is a good student.　（that を使って1文に）

_____

4 次の日本文にあうように，＿＿に適する語を書きなさい。 4点×3〔12点〕

(1)　明日テニスをしませんか。

_____ _____ we play tennis tomorrow?

(2)　何よりもまず，手を洗いなさい。

_____ _____ _____, wash your hands.

(3)　私たちは先週ハイキングに行きました。

We _____ _____ last week.

5 次の対話が成り立つように，＿＿に適する語を書きなさい。 5点×3〔15点〕

(1)　*A:* _____ you have to wash your shoes yesterday?

　　B: Yes, I _____.

(2)　*A:* Must we go shopping?

　　B: No, you _____ _____ _____.

(3)　*A:* _____ she have to start now?

　　B: No, _____ _____.

6 次の対話文を読んで，あとの問いに答えなさい。　〔18点〕

> *Miki:* ①(なんてひどいんでしょう！)　(②) cut down this tree?
>
> *Tom:* I believe a beaver did it. ③You (　　　)(　　　)(　　　) worry.
>
> *Miki:* You know a lot (④) beavers?
>
> *Tom:* Yes. ⑤They're one of Canada's national animals.
>
> *Miki:* Are they?　They build dams and lodges, right?
>
> *Tom:* Exactly.　They're great engineers.

(1)　下線部①を英語になおしなさい。　〈4点〉

_____

(2)　②，④の(　)に適する語を書きなさい。　3点×2〈6点〉

　　②＿＿＿＿＿＿＿＿＿　④＿＿＿＿＿＿＿＿＿

よく出る (3)　下線部③が「あなたは心配する必要はありません。」という意味になるように，(　)に適する語を書きなさい。　〈4点〉

_____

(4)　下線部⑤を They の内容を明らかにして，日本語になおしなさい。　〈4点〉

　　(　　　　　　　　　　　　　　　　　　　　　　　　　　)

7 〔　〕内の語句を並べかえて，日本文にあう英文を書きなさい。　5点×3〔15点〕

(1)　私は彼女はテニスがとてもじょうずだと思います。

　　〔 think / she / I / well / plays / very / tennis 〕.

_____

(2)　あなたはいつここを出発しなくてはなりませんか。

　　〔 you / have / leave / when / to / do / here 〕?

_____

ミス注意！ (3)　子どもたちは夕食後に宿題をしなくてはなりません。（1語不要）

　　〔 have / dinner / do / the children / homework / has / to / their / after 〕.

_____

やや難 **8** 次のようなとき，英語でどのように言うか書きなさい。　5点×3〔15点〕

(1)　相手にこの川で泳いではいけないと言うとき。（7語で）

_____

(2)　この問題(problem)は難しくないと思うと自分の意見を言うとき。（7語で）

_____

(3)　相手に自分のことを待つ必要はないと言うとき。（7語で）

_____

天気予報を聞こう 〜 スープの材料

テストに出る！ **ココ**が **要点** & **チェック！**

天気予報でよく使われる表現　教 p.26

1 天気の言い方　→★(1)(2)

天候や寒暖を表すときは主語に **it** を使う。

In Kyoto, **it**'ll **be** cloudy in the evening today.　京都では，今日の夕方くもりになるでしょう。

► it は形式的な主語（訳さない）
► it will の短縮形　► will のあとは動詞の原形

── 天気を表す語 ──

sunny：晴れの　cloudy：くもりの　rainy：雨の　windy：風の強い　snowy：雪の
shower：にわか雨

2 気温の言い方

The low will be 20 **degrees**, and **the high** will be 28 **degrees** tomorrow.

►最低気温　►度　►最高気温　明日の最低気温は 20 度，最高気温は 28 度でしょう。

電話でよく使われる表現　教 p.27

3 電話をかけるとき　→★(3)(4)(5)(6)

Hello. **This is** Miku. **May I** speak to Bob?

►電話で自分を名乗る　►〜してもよろしいですか（許可を求める表現）
　ときの言い方

もしもし。こちらはミクです。
ボブと話してもいいですか。

Hold on[Just a moment], please.　少々お待ちください。

4 依頼をするとき　→★(7)

Could you bring your racket today? ── Sure.

►〜していただけませんか（ていねいな依頼）今日あなたのラケットを持ってきていただけませんか。── もちろん。

☆チェック！　日本文にあうように，(　)内から適する語句を選びなさい。

1
- [ ] (1) (That'll / It'll) be sunny tomorrow.　明日は晴れでしょう。
- [ ] (2) It (isn't / won't be) rainy this evening.　今日の夕方は雨ではないでしょう。

3
- [ ] (3) (This / That) is Mary.　こちらはメアリーです。
- [ ] (4) May (I / you) speak to Taro?　タロウさんと話してもいいですか。
- [ ] (5) (Hold / Wait) on, please.　少々お待ちください。
- [ ] (6) I think you (have / are) the wrong number.　番号をお間違えのようです。

4
- [ ] (7) (Could / Do) you open the window?　窓を開けていただけませんか。

 ☆チェック！ の答えは次ページ ⤵

テスト対策問題

テスト対策💥ナビ

♪ a07

リスニング

1 対話を聞き，その内容にあうものを１つ選び，記号で答えなさい。

ア John is not at home.　　イ Mio and John are speaking.
ウ John is sleeping.　　エ Mio has the wrong number.　　　　　（　　）

2 (1)〜(4)は単語の意味を書き，(5), (6)は日本語を英語にしなさい。

(1) temperature（　　　　　　）　　(2) maybe　　（　　　　　　）
(3) low　　（　　　　　　）　　(4) coat　　（　　　　　　）
(5) 遅れた，遅い ＿＿＿＿＿＿＿＿　　(6) can の過去形 ＿＿＿＿＿＿＿＿

2 重要単語
(3)反対の意味を表す語
は high。

3 次の日本文にあうように，＿＿に適する語を書きなさい。

(1) どうしたの？　＿＿＿＿＿＿ ＿＿＿＿＿＿ ？
(2) あなたは 14 歳ですよね。 You are fourteen, ＿＿＿＿＿＿ ？
(3) 私は新しい自転車がほしいです。
　 I'd ＿＿＿＿＿＿ a new bike.
(4) そこへ私といっしょに行っていただけませんか。
　 ＿＿＿＿＿＿ ＿＿＿＿＿＿ go there with me?

3 重要表現
(1)会話でよく使う表現。
(2)相手に確認を求める
表現。
(3)「〜がほしい」1 語
では want。
(4)Can you 〜? よりて
いねいな依頼の表現。

4 次の対話が成り立つように，＿＿に適する語を書きなさい。

(1) A: I'm going to go to Okinawa tomorrow.
　 B: ＿＿＿＿＿＿ will the weather be there?
　 A: It'll ＿＿＿＿＿＿ sunny.
　 B: Good. Have a nice trip.
(2) A: Mako, you have to bring your umbrella.
　 B: Why, Mom? It's sunny.
　 A: We'll ＿＿＿＿＿＿ showers in the evening.
　 B: I see.

4 天気・気温の言い方
天気や寒暖は It will
be 〜.「〜でしょう。」
と表すことが多い。
(1) Have a nice trip.
「楽しい旅を。」

5 〔 〕内の語句を並べかえて，日本文にあう英文を書きなさい。

(1) あとでかけ直します。〔 later / will / back / I / call 〕.

＿＿＿＿＿＿＿＿＿＿＿＿＿＿＿＿＿＿＿＿＿＿＿

(2) 伝言をお聞きしましょうか。
　 〔 take / a / I / can / message 〕?

＿＿＿＿＿＿＿＿＿＿＿＿＿＿＿＿＿＿＿＿＿＿＿

(3) どちら様ですか。〔 I / your / may / have / name 〕?

**5 電話でよく使われ
る表現**
(1)電話をかけた相手が
いなかったときに言う。
(2)Can I 〜? は「私が
〜しましょうか」。
(3)Who's calling?（電
話のみで使う）とほぼ
同意。

テストに出る！
予想問題

Power-Up 1 〜 Word Web 1
天気予報を聞こう 〜 スープの材料

⏱ 30分

/100点

1 天気予報を聞き，内容にあう絵を1つ選び，記号で答えなさい。　　♪ a08　〔4点〕

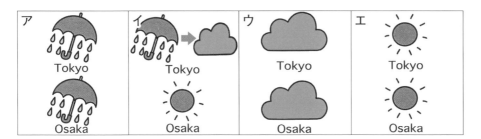

（　　）

2 対話と質問を聞いて，その答えとして適するものを1つ選び，記号で答えなさい。　♪ t09

ア　Yes, he is.　　　　　イ　Because he is fine.　　〔4点〕

ウ　Because he is sick.　　エ　I don't know.　　　　（　　）

3 次の日本文にあうように，＿＿に適する語を書きなさい。　　4点×5〔20点〕

(1) こんばんは，リサ。　　＿＿＿＿＿＿＿＿＿ ＿＿＿＿＿＿＿＿, Risa.

(2) 午後は雨になるでしょう。

We'll ＿＿＿＿＿＿＿＿ ＿＿＿＿＿＿＿＿ in the afternoon.

(3) 私たちのネコはかわいいと思います。

＿＿＿＿＿＿＿＿ ＿＿＿＿＿＿＿＿ our cat is cute.

(4) 少々お待ちください。　Just ＿＿＿＿＿＿＿＿ ＿＿＿＿＿＿＿＿, please.

(5) 彼女は昨日学校に遅刻しました。

She ＿＿＿＿＿＿＿＿ ＿＿＿＿＿＿＿＿ ＿＿＿＿＿＿＿＿ school yesterday.

4 次の対話が成り立つように，＿＿に適する語を書きなさい。　　4点×5〔20点〕

(1) ＿＿＿＿＿＿＿＿ will the weather be tomorrow?

— It'll be cloudy.

(2) ＿＿＿＿＿＿＿＿ it ＿＿＿＿＿＿＿＿ hot tomorrow?

— I don't think so.

(3) ＿＿＿＿＿＿＿＿ do you need, Bob?

— I'd ＿＿＿＿＿＿＿＿ a tennis ball.

(4) Hello. This is Nao. May I speak to Ken?

— I ＿＿＿＿＿＿＿＿ you ＿＿＿＿＿＿＿＿ the wrong number.

(5) May I swim here?

— No. You ＿＿＿＿＿＿＿＿ ＿＿＿＿＿＿＿＿ swim here.

5 次の電話での対話を読んで，あとの問いに答えなさい。　　　　〔18点〕

> *Leon:*　Hello, Nana? This is Leon.
> *Nana:*　Oh! Hello, Leon. ① _____ (_____)?
> *Leon:*　② [tennis / to / I'm / play / tomorrow / going].
> 　　　　③ (_____)(_____) we play together?
> *Nana:*　Great! What time will we meet?
> *Leon:*　How about nine o'clock at the park?
> *Nana:*　OK. See you tomorrow. ④ Thanks (_____)(_____).

(1) 下線部①が「どうしたの？」という意味になるように，( )に適する語を書きなさい。
　　_____ _____ ?　　　　〈3点〉

(2) 下線部②の〔　〕内の語句を並べかえて意味の通る英文にしなさい。また，できた文を日本語になおしなさい。　　　　4点×2〈8点〉

　　_____
　　(　　　　　　　　　　　　　　　　　　　　　　　　)

(3) 下線部③が「いっしょにしましょう。」という意味になるように，( )に適する語を書きなさい。　_____ _____ we play together?　　〈4点〉

(4) 下線部④が「電話してくれてありがとう。」という意味になるように，( )に適する語を書きなさい。　　　　〈3点〉

　　_____ _____

6 〔　〕内の語句を並べかえて，日本文にあう英文を書きなさい。　　6点×3〔18点〕

(1) ここにあなたの名前を書いていただけますか。
　　[write / name / your / could / here / you]?

(2) あなたのおかあさんとお話ししてもよろしいですか。[mother / speak / I / may / to / your]?

(3) 明日はコートが必要でしょう。 [will / a coat / need / we / tomorrow].

7 次の日本文を英語になおしなさい。　　　　8点×2〔16点〕

(1) 窓を開けていただけませんか。（Could で文を始めて）

(2) あなたは明日は晴れると思いますか。

Taste of Culture 〜 文章の構成を考えよう

テストに出る！ **ココ**が**要点**&**チェック!**

不定詞〈to＋動詞の原形〉 教 p.29〜p.37

1 名詞的用法「〜すること」 ★(1)(2)(3)

〈to＋動詞の原形〉の形を**不定詞**といい，3つの用法がある。そのうち，「**〜すること**」という意味を表し，名詞の働きをするものを**名詞的用法**といい，3つの使い方がある。

| 動詞の目的語 | I want **to play** soccer tomorrow. | 私は明日サッカーがしたいです。 |

→動詞の原形
→want の目的語（明日サッカーをすること）

| 文 の 主 語 | **To play** soccer is my hobby. | サッカーをすることは私の趣味です。 |

→文の主語

| 文 の 補 語 | My plan is **to play** soccer. | 私の計画はサッカーをすることです。 |

→主語を説明する語
→文の補語

2 副詞的用法「〜するために」 ★(4)(5)

不定詞のうち，「**〜するために**」と動作の目的を表し，動詞を修飾するものを**副詞的用法**という。

I'll go to New York **to study** dance.

私はダンスを勉強するためにニューヨークへ行こうと思います。

動詞を修飾
→go の目的（ダンスを勉強するために）…副詞の働き

> **─── Why?(なぜ)に対する答えとしての使い方 ───**
>
> ▶Why 〜?(なぜ〜)の疑問文に対し，目的を答える場合，不定詞の副詞的用法を使うこともできる。
>
> Why will you go to New York? なぜあなたはニューヨークへ行くのですか。
> — To study dance. — ダンスを勉強するために。(目的を答える場合)
> = — Because I want to study dance. — なぜなら，ダンスを勉強したいからです。

3 形容詞的用法「〜するための」「〜するべき」 ★(6)(7)

不定詞のなかで，「**〜するための**」「**〜するべき**」という意味を表し，名詞や代名詞を修飾するものを**形容詞的用法**という。

I have a lot of things **to do**.

私はするべきたくさんのことがあります。

名詞を修飾
→するべき

I want something **to drink**.

私は何か飲み（飲むための）物がほしい。

代名詞を修飾
→飲むための

動名詞〈動詞の -ing 形〉

教 p.29〜p.37

4 「〜すること」

→★(8)(9)(10)

「〜すること」と言うときは，不定詞〈to＋動詞の原形〉の名詞的用法のほかに，動名詞〈動詞の -ing 形〉でも表すことができる。

動詞の目的語　I enjoy **dancing** every day.　　　私は踊ることを毎日楽しみます。
└─▶enjoy の目的語（踊ること）

文 の 主 語　**Dancing** with her is fun.　　　彼女と踊ることは楽しい。
└─▶文の主語

文 の 補 語　My hobby is **dancing**.　　　私の趣味は踊ることです。
└─▶文の補語

──● 不定詞（名詞的用法）と動名詞の使い分け ●──

▶不定詞，動名詞のどちらを目的語にできるかは前にくる動詞によって異なる。
　①不定詞・動名詞どちらにも使える動詞：like, start, begin など
　　○　I like **to play** the piano.　○　I like **playing** the piano.

　②不定詞のみ使える動詞：want, wish, hope など
　　○　I want **to sing**.　　　×　I want **singing**.

　③動名詞のみ使える動詞：enjoy, finish, stop など
　　○　She enjoys **swimming**.　　　×　She enjoys **to swim**.

☆チェック！　(1)〜(3)および(8)〜(10)は（　）内から適する語句を選びなさい。ただし，両方とも適する場合もある。(4)〜(7)は（　）内の語句が入る正しい位置を選び，記号で答えなさい。

1
- □ (1) I want (to play / play) baseball.　　　私は野球がしたいです。
- □ (2) (To write / Write) *kanji* is difficult.　　　漢字を書くことは難しい。
- □ (3) My dream is (to be / to) a doctor.　　　私の夢は医者になることです。

2
- □ (4) Mary ア came イ you ウ .　(to see)　　　メアリーはあなたに会いに来ました。
- □ (5) They ア got up イ early ウ around the park エ .　(to run)

　　　彼らは公園のまわりを走るために早く起きました。

3
- □ (6) Does Taro ア need イ money ウ ?　(to buy shoes)

　　　タロウはくつを買うためのお金が必要ですか。

- □ (7) Is there ア anything イ ?　(to eat)　　　何か食べ物はありますか。

4
- □ (8) Yumi likes (to sing / singing).　　　ユミは歌うことが好きです。
- □ (9) Stop (to run / running) in the room.　　　部屋の中で走るのをやめなさい。
- □ (10) Did you enjoy (to watch / watching) TV?　　　あなたはテレビを見ることを楽しみましたか。

☆チェック！ の答えは次ページ ➡ **19**

テスト対策問題

テスト対策☀ナビ

🎵 リスニング

♪ a10

1 英文を聞いて，内容にあう絵を1つ選び，記号で答えなさい。

ア　イ　ウ　エ　　（　　）

2 (1)～(6)は単語の意味を書き，(7)～(10)は日本語を英語にしなさい。

(1) expensive （　　　　　）　　(2) toothpick （　　　　　）

(3) quiz （　　　　　）　　(4) voice （　　　　　）

(5) actor （　　　　　）　　(6) taste （　　　　　）

(7) 背の高い ＿＿＿＿＿＿

(8) 贈り物, プレゼント ＿＿＿＿＿＿

(9) 健康によい ＿＿＿＿＿＿

(10) それぞれの, めいめい ＿＿＿＿＿＿

2 重要単語
(2)tooth は「歯」。teeth は tooth の複数形。
(6)形容詞は tasty。

🔍よく出る **3** 次の日本文にあうように，＿＿に適する語を書きなさい。

(1) がんばって。　＿＿＿＿＿＿ ＿＿＿＿＿＿ it.

(2) この花は太陽に似ています。
This flower ＿＿＿＿＿＿ ＿＿＿＿＿＿ the sun.

(3) その作家は世界じゅうで人気があります。
The writer is popular ＿＿＿＿＿ ＿＿＿＿＿ ＿＿＿＿＿.

(4) 祖母はバッグの代わりに風呂敷を使います。
My grandmother uses *furoshiki* ＿＿＿＿ ＿＿＿＿ bags.

3 重要表現
(1)励ましの意味を表すときによく使う。
(2)like には「好きである，好む」のほかに「～のような」の意味もある。

4 〔　〕内の語を並べかえて，日本文にあう英文を書きなさい。

(1) 私は医者になりたいです。〔 be / doctor / I / want / a / to 〕.

＿＿＿＿＿＿＿＿＿＿＿＿＿＿＿

(2) あなたは今週末どこに行きたいですか。
〔 weekend / you / do / go / to / where / want / this 〕?

＿＿＿＿＿＿＿＿＿＿＿＿＿＿＿

(3) 友人とサッカーをすることは楽しいです。
〔 fun / soccer / to / with / play / friends / is / my 〕.

＿＿＿＿＿＿＿＿＿＿＿＿＿＿＿

✏️ミス注意! (4) トムは外で遊びたくありません。
〔 play / Tom / want / doesn't / outside / to 〕.

＿＿＿＿＿＿＿＿＿＿＿＿＿＿＿

4 不定詞の名詞的用法

ポイント

不定詞の名詞的用法
形：〈to＋動詞の原形〉
意味：「～すること」
3つの使い方：
　①動詞の目的語
　②文の主語
　③文の補語

p.19 答▶ (1) to play　(2) To write　(3) to be　(4) イ　(5) ウ　(6) ウ　(7) イ　(8) to sing, singing の両方　(9) running　(10) watching

5 次の対話文を読んで，あとの問いに答えなさい。

> *Mao:* Do people in the U.S. enjoy street food too?
>
> *Daniel:* Yes. There are many street vendors in New York.
> We enjoy ①(to eat / eating) outside.
>
> *Mao:* ②[kind / food / what / do / of / you / have]?
>
> *Daniel:* ③ We have pretzels, lobster rolls, *ramen* burgers, (　　　) (　　　) (　　　).

(1) ①の（ ）内から適するものを選びなさい。 ＿＿＿＿＿＿

(2) 下線部②を「あなたたちはどんな種類の食べ物を食べますか。」という意味になるように，〔 〕内の語を並べかえなさい。

＿＿＿＿＿＿＿＿＿＿＿＿＿＿＿＿＿＿＿＿＿

(3) 下線部③が「私たちはプレッツェル，ロブスターロール，ラーメンバーガーなどを食べます。」という意味になるように，（ ）にあてはまる語を書きなさい。 ＿＿＿＿ ＿＿＿＿ ＿＿＿＿

(1) enjoy のあとに置ける動詞の形は不定詞か，動名詞か考える。
(2) 「どんな種類の」を文頭に置いた疑問文を作る。

6 次の文を（ ）内の指示にしたがって書きかえなさい。

(1) Science is an important subject.
（下線部を「勉強すべき重要な科目」の意味に）

＿＿＿＿＿＿＿＿＿＿＿＿＿＿＿＿＿＿＿＿＿

(2) I went to the library. And I studied there.(to を使って 1 文に)

＿＿＿＿＿＿＿＿＿＿＿＿＿＿＿＿＿＿＿＿＿

(3) I visited Kyoto to see my aunt.（下線部が答えの中心となる文に）

＿＿＿＿＿＿＿＿＿＿＿＿＿＿＿＿＿＿＿＿＿

6 不定詞の副詞的用法・形容詞的用法
(1)名詞をあとから修飾する。形容詞的用法。
(2)to のあとは動詞の原形。動作の目的を表す副詞的用法。
(3)目的をたずねる文に。

7 次の文の（ ）内の語句のうち，適するものを〇で囲みなさい。どちらも適するときは，両方を〇で囲みなさい。

(1) Saki enjoyed (to swim / swimming) in the sea.

(2) (To read / Reading) books is important.

(3) It began(to snow / snowing).

(4) Stop (to run / running).

(5) My hobby is (to draw / drawing) pictures.

7 動名詞

ポイント

動名詞の用法
意味：「〜すること」
形：動詞の -ing 形
使い方：不定詞の名詞的用法と同じ

(1)(4)動名詞だけを目的語に置けるかは，前にくる動詞によって決まる。

8 次の日本文を英語になおしなさい。

(1) 私は読むべき本がたくさんあります。（many を使って）

＿＿＿＿＿＿＿＿＿＿＿＿＿＿＿＿＿＿＿＿＿

(2) 彼女は宿題をし終えました。（finish を使って）

＿＿＿＿＿＿＿＿＿＿＿＿＿＿＿＿＿＿＿＿＿

8 英作文
(1)「本」をあとから修飾する。形容詞的用法。
(2)finish は動名詞のみを目的語にとれる。

テストに出る！ 予想問題

PROGRAM 3 〜 Steps 2
Taste of Culture 〜 文章の構成を考えよう

🕐 30分

/100点

1 英文と質問を聞いて，答えとして適する絵を1つ選び，記号で答えなさい。 ♪ a11 〔5点〕

ア　　　　イ　　　　ウ　　　　エ

（　　　）

2 対話と質問を聞いて，その答えとして適するものを1つ選び，記号で答えなさい。 ♪ a12

ア　To visit her grandmother.　　イ　Because Yuika is very busy. 〔5点〕

ウ　To help her grandmother.　　エ　Because Yuika is free. （　　　）

3 各組の文がほぼ同じ内容を表すように，＿＿に適する語を書きなさい。 5点×3〔15点〕

(1) ┌ My father is an English teacher.
　　└ My father's job is ＿＿＿＿＿＿＿ English.

(2) ┌ Mr. Brown likes taking pictures.
　　└ Mr. Brown likes ＿＿＿＿＿＿＿ ＿＿＿＿＿＿＿ pictures.

やや難 (3) ┌ I'm hungry, but I have no food.
　　└ I'm hungry, but I have nothing ＿＿＿＿＿＿＿ ＿＿＿＿＿＿＿.

4 次の日本文にあうように，＿＿に適する語を書きなさい。 3点×4〔12点〕

(1) あなたはどんな種類の本を読みますか。

＿＿＿＿＿＿＿ ＿＿＿＿＿＿＿ ＿＿＿＿＿＿＿book do you read?

(2) 私の夢がかないますように。

I hope my dream will ＿＿＿＿＿＿＿ ＿＿＿＿＿＿＿.

(3) 私は最善をつくします。

I'll ＿＿＿＿＿＿＿ ＿＿＿＿＿＿＿ ＿＿＿＿＿＿＿.

(4) あなたは将来何になりたいですか。

What do you want to be ＿＿＿＿＿＿＿ ＿＿＿＿＿＿＿ ＿＿＿＿＿＿＿?

5 次の対話が成り立つように，＿＿に適する語を書きなさい。 5点×2〔10点〕

ミス注意! (1) A:　Why do you study English?

B:　＿＿＿＿＿＿＿ go to the U.K.

(2) A:　What ＿＿＿＿＿＿＿ you ＿＿＿＿＿＿＿ ＿＿＿＿＿＿＿ ＿＿＿＿＿＿＿?

B:　I like to go hiking.

6 次の英文を読んで，あとの問いに答えなさい。 〔18点〕

Look at this picture. ①It (　　　)(　　　) *sashimi*. You can enjoy this food (　②　) food stands (　③　) the Netherlands.

This is a traditional Dutch food. ④(　⑤　) people use toothpicks to eat it. (　⑥　) enjoy it in "the Dutch way."

(1) 下線部①が「それは刺身に似ています。」という意味になるように，（　）に適する語を書きなさい。 〈4点〉

_____ _____

(2) ②，③の（　）内に適する前置詞を書きなさい。 3点×2〈6点〉

② _____ ③ _____

(3) 下線部④が「それを食べるのにつまようじを使う人もいれば，"オランダ方式"でそれを楽しむ人もいます。」という意味になるように，⑤，⑥の（　）に適する語を書きなさい。

⑤ _____ ⑥ _____ 4点×2〈8点〉

7 〔　〕内の語句を並べかえて，日本文にあう英文を書きなさい。 5点×4〔20点〕

(1) 私は明日テニスの練習をするために早く起きるつもりです。

〔 I'll / tomorrow / get / to / up / practice / early / tennis 〕.

_____

(2) 彼女は部屋を掃除し始めましたか。

〔 she / start / the room / to / cleaning / clean / did 〕? （1語不要）

_____

(3) 彼は今日すべき仕事がいくらかあります。

〔 some / work / he / today / to / has / do 〕.

_____

(4) いつあなたはつりに行きたいですか。

〔 go / when / want / fishing / to / do / you 〕?

_____

8 次の日本文を英語になおしなさい。 5点×3〔15点〕

(1) あなたはどこでバッグを買いたいですか。

_____

(2) ユキ(Yuki)は書くべき手紙がいくつかありました。

_____

(3) 私はトム(Tom)と映画(a movie)を見て楽しみました。 （see を適切な形にして使う）

_____

「夢の旅行」を企画しよう ～ Gon, the Little Fox

テストに出る！ **ココ** が **要点** & **チェック！**

不定詞と動名詞の使い方(復習)
教 p.39～p.43

1 不定詞　名詞的用法
(1)(2)

〈to＋動詞の原形〉の形を**不定詞**といい，「〜すること」という意味を表すものを**名詞的用法**という。

名詞的用法は，動詞の目的語や文の主語，補語になる。

I want **to go** to Tahiti next summer.　　私は次の夏にタヒチに行きたいです。
→「次の夏にタヒチに行くこと」← want の目的語

2 不定詞　副詞的用法
(3)(4)

「〜するために」という意味を表し，動詞を修飾する不定詞を**副詞的用法**という。

I'll go to Tahiti **to swim** with turtles.　　私はカメといっしょに泳ぐためにタヒチに行きます。

動詞を修飾　　→「カメと泳ぐために」…go の目的。副詞のはたらき

3 不定詞　形容詞的用法
(5)(6)

「〜するための」「〜するべき」という意味を表し，(代)名詞を修飾する不定詞を**形容詞的用法**という。

Tahiti is a wonderful **place** **to visit** as a tourist.

名詞を修飾　　→「旅行者として訪れるべき」…形容詞のはたらき

タヒチは旅行者として訪れるべきすばらしい場所です。

4 動名詞
(7)(8)

「〜すること」を表すときは，不定詞の名詞的用法のほか，**動名詞(動詞の -ing 形)**を使う。

We can **enjoy** **eating** fresh fruit and seafood.
→「新鮮なくだものと海産物を食べること」…enjoy の目的語

私たちは新鮮なくだものと海産物を食べることを楽しむことができます。

チェック！　( )内から適する語句を選びなさい。ただし両方とも適する場合もある。

1
- [ ] (1) (To listen / Listening) to music is fun for me.　　私にとって音楽を聞くことは楽しいです。
- [ ] (2) I decided (to meet / meeting) John.　　私はジョンに会うことを決めました。

2
- [ ] (3) Masako studies (to be / being) a teacher.　　マサコは先生になるために勉強しています。
- [ ] (4) Did he come to Tokyo (to see / seeing) his uncle?　彼はおじに会うために東京へ来ましたか。

3
- [ ] (5) I want something (to eat / eating).　　私は何か食べる物がほしいです。
- [ ] (6) My mother has many things (to do / doing).　　私の母にはするべきことがたくさんあります。

4
- [ ] (7) Did you finish (to study / studying)?　　あなたは勉強し終わりましたか。
- [ ] (8) We began (to run / running).　　私たちは走り始めました。

解答 p.8

テスト対策問題

テスト対策ナビ

1 (1)〜(6)は単語の意味を書き，(7)〜(10)は日本語を英語にしなさい。

(1) tourist （　　　　　　）　　(2) probably （　　　　　　）

(3) clothes （　　　　　　）　　(4) someone （　　　　　　）

(5) die （　　　　　　）　　(6) strange （　　　　　　）

(7) 決定する ＿＿＿＿＿＿

(8) 病気の ＿＿＿＿＿＿

(9) think の過去形 ＿＿＿＿＿＿

(10) leave の過去形 ＿＿＿＿＿＿

1 重要単語
(3)複数扱いの名詞。発音に注意。
(4)三人称単数の扱い。
(9)(10)不規則動詞の活用を覚えよう。leave は「置いていく」。

よく出る 2 次の日本文にあうように，＿＿に適する語を書きなさい。

(1) 私はウミガメをすぐ近くで見ました。
I saw sea turtles ＿＿＿＿＿ ＿＿＿＿＿.

(2) 私たちの歌はどうですか。
＿＿＿＿＿ do ＿＿＿＿＿ our song?

(3) ある日，彼女は1匹のキツネを見つけました。
＿＿＿＿＿ ＿＿＿＿＿, she found a fox.

(4) 近ごろはだれもがスマートフォンを持っています。
Everyone has a smartphone ＿＿＿＿＿ ＿＿＿＿＿.

2 重要表現
(2)相手に感想や意見を求める表現。
(4) everyone は「すべての人」を意味するが，単数形の名詞として扱うので注意しよう。

3 次の各組の文がほぼ同じ内容を表すように，＿＿に適する語を書きなさい。

(1) { We went to the restaurant. We ate dinner there.
{ We went to the restaurant ＿＿＿＿＿ ＿＿＿＿＿ dinner.

(2) { He has to read many letters today.
{ He has many letters ＿＿＿＿＿ ＿＿＿＿＿ today.

ミス注意! (3) { I have no books.
{ I have ＿＿＿＿＿ ＿＿＿＿＿ ＿＿＿＿＿.

(4) { Do you like skiing?
{ Do you like ＿＿＿＿＿ ＿＿＿＿＿?

3 不定詞の復習
(1)「夕食を食べるためにレストランに行った」とする。
(2)「読むべき手紙がたくさんある」とする。
(3) no books を不定詞を使った3語で言いかえる。

4 次の文の＿＿に（　）内の語を適する形にかえて書きなさい。ただし，2語になるものもある。

(1) She finished ＿＿＿＿＿ her homework. （do）

(2) Kevin wants ＿＿＿＿＿ how to play *kendama*. （know）

(3) It stopped ＿＿＿＿＿ last night. （rain）

(4) We hope ＿＿＿＿＿ you again. （see）

ミス注意! (5) How about ＿＿＿＿＿ tennis? （play）

4 動名詞の復習

おぼえよう!
目的語になる動名詞・不定詞の使い分け
finish, enjoy, stop など
→動名詞のみ
want, hope, decide など
→不定詞のみ
like, begin, start など
→動名詞・不定詞の両方

(5)前置詞のあとの動詞の形は動名詞。

p.24 答 (1)To listen, Listening の両方　(2)to meet　(3)to be　(4)to see　(5)to eat　(6)to do　(7)studying
(8)to run, running の両方

テストに出る！

予想問題

Our Project 4 〜 Reading 1 ❶
「夢の旅行」を企画しよう 〜 Gon, the Little Fox

 30分

/100点

1 対話を聞いて，内容にあう絵を１つ選び，記号で答えなさい。 a13 〔5点〕

( )

2 英文と質問を聞いて，その答えとして適するものを１つ選び，記号で答えなさい。 ♪ a14

ア　He is a carpenter.　　　イ　To buy his house. 〔5点〕

ウ　He has his house.　　　エ　He wants to build his house. 　( )

3 次の語と反対の意味を表す語を＿＿に書きなさい。 2点×6〔12点〕

(1) cheap ＿＿＿＿＿＿＿　　　(2) high ＿＿＿＿＿＿＿

(3) light ＿＿＿＿＿＿＿　　　(4) wet ＿＿＿＿＿＿＿

(5) thick ＿＿＿＿＿＿＿　　　(6) full ＿＿＿＿＿＿＿

4 次の日本文にあうように，＿＿に適する語を書きなさい。 4点×4〔16点〕

よく出る (1) パーティーに来てくれてありがとうございました。

＿＿＿＿＿＿＿ ＿＿＿＿＿＿＿ ＿＿＿＿＿＿＿ ＿＿＿＿＿＿＿ to the party.

ミス注意! (2) 私は遅れたことをすまないと思います。

I ＿＿＿＿＿＿＿ ＿＿＿＿＿＿＿ ＿＿＿＿＿＿＿ being late.

(3) 彼女はあなたが先生であるということを知りません。

She doesn't know that ＿＿＿＿＿＿＿ ＿＿＿＿＿＿＿ a teacher.

(4) その少年はあたりを見回して，叫びました。

The boy ＿＿＿＿＿＿＿ ＿＿＿＿＿＿＿ and shouted.

5 次の対話が成り立つように，＿＿に適する語を書きなさい。 4点×3〔12点〕

(1) *A:* ＿＿＿＿＿＿＿ were you at the station yesterday?

　　B: I went there ＿＿＿＿＿＿＿ meet my friend.

(2) *A:* Do you have any hobbies?

　　B: Yes. I ＿＿＿＿＿＿＿ ＿＿＿＿＿＿＿ take pictures.

ミス注意! (3) *A:* I'm hungry. Do you have anything ＿＿＿＿＿＿＿ ＿＿＿＿＿＿＿ ?

　　B: OK. I'll make *ramen* for you.

6 次の英文を読んで，あとの問いに答えなさい。　　　　　　　　　　〔15点〕

> One day, Gon went down to the river.　He saw Hyoju.　He was catching fish and eels.　①Gon 〔 on / play / a / to / decided / trick / him 〕.
> ②Gon took the fish (　　　) (　　　) Hyoju's basket and picked up the eel by his ③(tooth).　Just then Hyoju came back and shouted, "Hey, you sly fox!"　④Gon jumped up and ran away with the eel.

(1) 下線部①が「ゴンは彼にいたずらをしようと決めました。」という意味になるように，〔　〕内の語を並べかえなさい。　　　　　　　　　　〈4点〉

Gon _____.

(2) 下線部②が「ゴンは兵十のかごから魚を取り出しました。」という意味になるように，(　)に適する語を書きなさい。　_____　_____　〈4点〉

(3) ③の(　)内の語を適する形にしなさい。　_____　〈3点〉

(4) 下線部④の英文を日本語になおしなさい。　　　　　　　　　　〈4点〉

(　　　　　　　　　　　　　　　　　　　　　　　　　　　　　　)

7 〔　〕内の語を並べかえて，日本文にあう英文を書きなさい。　5点×4〔20点〕

(1) 今朝，雨が降り始めました。　〔 began / it / rain / this / to 〕 morning.

_____ morning.

(2) あなたはナンシーと京都を訪れて楽しみましたか。

〔 Nancy / you / enjoy / Kyoto / with / visit / did 〕?　（下線部の語を適する形にかえて）

_____

(3) 夕食を食べる前に宿題をしなさい。

〔 your / eating / homework / do / before / dinner 〕.

_____

(4) ケイコはたくさんの言語を学びたいと思っています。

〔 many / Keiko / learn / wants / languages / to 〕.

_____

8 次の日本文を英語になおしなさい。　　　　　　　　　　5点×3〔15点〕

(1) 私は本を読む時間がありません。　（no を使って）

_____

(2) あなたは夏休みにどこへ行きたいですか。　（want を使って）

_____

(3) 4時までは部屋を掃除するのをやめてはいけません。　（4を使って Don't で始まる文に）

_____

テストに出る！
予想問題

Our Project 4 〜 Reading 1　❷
「夢の旅行」を企画しよう 〜 Gon, the Little Fox

🕐 30分　/100点

1 英文を聞いて，内容にあう絵を1つ選び，記号で答えなさい。　♪ a15　〔4点〕

ア　イ　ウ　エ

（　　　）

2 対話と質問を聞いて，その答えとして適するものを1つ選び，記号で答えなさい。　♪ a16

ア　They will play at home.　　イ　They will watch TV.　〔4点〕

ウ　They will put on the gloves.　　エ　It started snowing.　（　　　）

3 次の日本文にあうように，＿＿に適する語を書きなさい。　5点×4〔20点〕

(1) 5日後，彼女は東京へ引っ越しました。

＿＿＿＿＿＿ ＿＿＿＿＿＿ ＿＿＿＿＿＿, she moved to Tokyo.

(2) 私の父は昨日，日本に帰ってきました。

My father ＿＿＿＿＿＿ ＿＿＿＿＿＿ to Japan yesterday.

(3) 「おなかがすいた。」とタクは心の中で考えました。

"I'm hungry," Taku ＿＿＿＿＿＿ ＿＿＿＿＿＿ ＿＿＿＿＿＿.

(4) もしひまなら，テニスをしましょう。

＿＿＿＿＿＿ you ＿＿＿＿＿＿ free, let's play tennis.

4 （　）に適する文を下から選んで記号で入れ，スピーチを完成させなさい。　5点×5〔25点〕

（　①　）I think that Australia is a wonderful place to visit. If you visit there, you'll have a good time. （　②　）

（　③　）（　④　）You can also take pictures with them. Lastly, in Sydney you can enjoy many great places. For example, *Harbour Bridge, Opera House, and some museums.

（　⑤　）Thank you.　　　＊Harbour Bridge：ハーバーブリッジ

ア　Second, you can see cute koalas in the zoo.　　①（　　　）

イ　I have three reasons.　　②（　　　）

ウ　I'm going to talk about my dream plan to Australia.　　③（　　　）

エ　How do you like this plan?　　④（　　　）

オ　First, you can enjoy swimming in the beautiful ocean.　　⑤（　　　）

5 次の英文を読んで，あとの問いに答えなさい。　〔17点〕

　　The next day Gon brought chestnuts again. But ①(　　　)(　　　) Hyoju saw him. "② [play / he / here / to / a / is / trick / again]? I'll stop him." Hyoju picked up his rifle and shot. Bang!

　　Gon ③(fall) to the ground. Hyoju looked around and found the chestnuts. "It was you! You brought the chestnuts," he said. Gon ④(nod) weakly. The rifle ③(fall) from Hyoju's hand. ⑤Smoke was still rising from the barrel.

(1)　下線部①が「今度は」という意味を表すように，(　)に適する語を書きなさい。　〈3点〉

　　_____　_____

(2)　下線部②が「彼はふたたびいたずらをするためにここにいるのか。」という意味になるように，〔　〕内の語を並べかえなさい。　〈5点〉

　　_____

(3)　③，④の(　)内の語を過去形にしなさい。　2点×2〈4点〉
　　③_____　④_____

(4)　下線部⑤の英文を日本語になおしなさい。　〈5点〉
　　(　　　　　　　　　　　　　　　　　　　　　　　　　)

6 〔　〕内の語句を並べかえて，日本文にあう英文を書きなさい。　5点×3〔15点〕

(1)　私の妹は泣きやみませんでした。
　　[didn't / sister / stop / crying / my].

(2)　ケビンは公園に行くためにバスに乗りましたか。
　　[Kevin / to / did / go / take / a bus / the park]?　（1語補う）

(3)　あなたは私に話すべき何か重要なことがありますか。
　　[have / you / me / anything / important / to / tell / do]?

7 次の内容について，(1)(2)は(　)内の動詞を使って，それぞれ4語以上の英文で書きなさい。(3)は質問に対して自分の立場で答えなさい。　5点×3〔15点〕

(1)　あなたがするのが好きなこと。　(like)

(2)　あなたが夏にしたいこと。　(want)

(3)　What do you want to be in the future?

High-Tech Nature 〜 楽器の名前

テストに出る！ **ココ**が**要点**&**チェック!**

比較級

教 p.49〜p.57

1 形容詞［副詞］+ -er

(1)

2つのものを比べて「…よりも〜」と言うときは，〈形容詞［副詞］の比較級 + than ...〉の形で表す。

比較級は，形容詞［副詞］の語尾に -er をつけて表す。

Kenta is **younger than** Eri.
　　　　比較級, 語尾に -er◀　　◀than のあとに比べる対象
　　　　　　　　　　　　　　　　　　　　ケンタはエリより若いです。

Mai can swim **faster than** Taku.
　　　　　　　比較級, 語尾に -er◀　　◀than のあとに比べる対象
　　　　　　　　　　　　　　　　　　　　マイはタクより速く泳げます。

2 more + 形容詞［副詞］

(2)

比較的長い形容詞や副詞の比較級は，その語の前に more を置いて表す。

Soccer is **more** popular **than** tennis in my town.
　　　　　形容詞［副詞］の前に置く ◀変化しない
　　　　　　　　　　　　　　　　　　私の町ではサッカーはテニスより人気があります。

3 good や well などの比較級

(3)

good, well の比較級は better。特別な形に変化することに注意する。

Eito is a **better** runner **than** Ken.
形容詞 good などの比較級◀　　　名詞
　　　　　　　　　　　　　　　　　　エイトはケンよりよい走者です。

I like math **better than** English.
副詞 well などの比較級◀
　　　　　　　　　　　　　　　　　　私は英語より数学のほうが好きです。

最上級

教 p.49〜p.57

4 形容詞［副詞］+ -est

(4)

3つ以上のものを比べて「もっとも〜」と言うときは，〈the + 形容詞［副詞］の最上級〉の形で表す。

最上級は，形容詞［副詞］の語尾に -est をつけて表す。

Kenta is **the youngest** of the four.
　　　　最上級, 語尾に -est◀　　複数を表す語
　　　　　　　　　　　　　　　　　　ケンタは4人の中でもっとも若いです。

Mai can swim **the fastest** in our class.
　　　　　　　最上級, 語尾に -est◀　範囲を表す語
　　　　　　　　　　　　　　　　　　マイは私たちのクラスでもっとも速く泳げます。

― of と in の使い分け ―

of…仲間，同類を示す場合。あとの名詞は複数を表す語句。
in…範囲，場所などを示す場合。あとの名詞は単数を表す語句。

5 most＋形容詞［副詞］

(5)

比較的長い形容詞や副詞の最上級は，その語の前に the most を置いて表す。

Soccer is **the most** popular sport in my town.
└─►変化しない

サッカーは私の町でもっとも人気のあるスポーツです。

6 good や well などの最上級

(6)

good，well の最上級は best。特別な形に変化する。

Eito is **the best** runner in our school.
形容詞 good などの最上級◄─　　名詞

エイトは私たちの学校でもっともよい走者です。

I like math **the best** of all subjects.
　　副詞 well などの最上級◄─

私はすべての科目の中で数学がもっとも好きです。

┌─◆ 比較級・最上級の作り方 ◆─┐
▶-er，-est をつける　　　　　　　　tall — taller — tallest
▶-r，-st をつける　　　　　　　　　large — larger — largest
▶最後の文字を重ねて -er，-est をつける　big — bigger — biggest
▶最後の y を i にかえて -er，-est をつける　happy — happier — happiest
└─────────────────────┘

「…と同じくらい〜」

教 p.49〜p.57

7 as 〜 as ...

(7)

2つのものを比べて「…と同じくらい〜」と言うときは，〈as＋形容詞［副詞］の原級＋as ...〉で表す。

Mr. Ito is **as old as** my father.
　　形はかわらない←形容詞　　└─►比べる対象

イトウさんは私の父と同じ年齢です。

Mr. Ito is **not as old as** my father.
　否定文「…ほど〜でない」　　└─►比べる対象

イトウさんは私の父ほど年をとっていません。

Taku can swim **as fast as** Nao.
　　　　形はかわらない←副詞　　└─►比べる対象

タクはナオと同じくらい速く泳げます。

Taku can **not** swim **as fast as** Mai.
　否定文「…ほど〜でない」　　　└─►比べる対象

タクはマイほど速く泳げません。

☆チェック！　（　）内の語を必要なら適する形になおしなさい（2語になるものもあり）。

1 □ (1) I am (　　　　　　　) than you.　（young）　　　私はあなたより若いです。

2 □ (2) This song is (　　　　　　　) than that one.　（famous）　この歌はあの歌より有名です。

3 □ (3) Nami is a (　　　　　　　) singer than Ken.　（good）　ナミはケンよりじょうずな歌手です。

4 □ (4) Mary is the (　　　　　　　) in the class.　（tall）　メアリーはクラスでもっとも背が高いです。

5 □ (5) Health is the (　　　　　　　) of all.　（important）　健康はすべての中でもっとも重要です。

6 □ (6) He speaks English the (　　　　　　　).　（well）　彼は英語をもっともじょうずに話します。

7 □ (7) My dog is as (　　　　　　　) as yours.　（big）　私の犬はあなたの犬と同じくらいの大きさです。

☆チェック！ の答えは次ページ ➔　　31

テスト対策問題

テスト対策☀ナビ

🎵 リスニング

♪ a17

1 英文を聞いて，その内容を適切に表している絵を１つ選び，記号で答えなさい。

ア　イ　ウ　エ

(　　　)

2 (1)〜(6)は単語の意味を書き，(7)〜(10)は日本語を英語にしなさい。

(1) hate 　(　　　　　)　(2) enter 　(　　　　　)

(3) effect 　(　　　　　)　(4) company (　　　　　)

(5) loud 　(　　　　　)　(6) solve 　(　　　　　)

(7) 金，通貨 _____　(8) 〜なしで _____

(9) give の過去形 _____　(10) 運ぶ _____

2 重要単語

(9)不規則動詞の活用を覚えよう。

🎤よく出る **3** 次の日本文にあうように，____に適する語を書きなさい。

(1) 箱がテーブルにくっついています。

A box is _____ _____ the table.

(2) タクはギターをひくことができます。

Taku _____ _____ to play the guitar.

(3) 私は何をすべきですか。

What _____ I do?

(4) 私にとってプールに飛び込むことはかんたんです。

To _____ _____ the pool is easy for me.

3 重要表現

(2)「〜できる」を can 以外で表す。

(3)助動詞を使う。

(4)「〜の中へ」を意味する前置詞を使う。

4 次の文を(　)内の指示にしたがって書きかえなさい。

(1) The bird is small.(「あの鳥(that one)より小さい」という文に)

_____

(2) I practice hard.(「ボブ(Bob)より熱心に練習します」という文に)

_____

(3) This map is useful. (「私のものより役立ちます」という文に)

_____

ミス注意! (4) Does Kumi cook well?(「妹よりじょうずに料理しますか」という文に)

_____

ミス注意! (5) Osaka is hot. (「秋田より暑いです」という文に)

_____

4 比較級

ポイント

・「…よりも〜」は〈形容詞[副詞]の比較級＋than...〉の形。

・比較級は形容詞[副詞]の語尾に -er をつける。

・長い形容詞[副詞]はその語の前に more をつける。

・good，well の比較級は better。

(5) -er のつけ方に注意する。

p.31 答 (1) younger　(2) more famous　(3) better　(4) tallest　(5) most important　(6) best　(7) big

5 次の英文を読んで，あとの問いに答えなさい。

5 本文の理解

These are bee robots. ①〔 robot / a penny / as / small / as / is / each 〕, a U.S. coin. ②It's not as heavy as a paper clip. It's able to fly in the sky.

These robots have great potential. In agriculture, ③they will carry pollen to flowers like bees.

(1) 下線部①が「それぞれのロボットはアメリカの硬貨，1セント硬貨と同じくらい小さいです。」という意味になるように，〔　〕内の語句を並べかえなさい。

_____, a U.S. coin.

(2) 下線部②を以下のように書きかえるとき，＿＿に適する語を書きなさい。　It's ＿＿＿＿＿ ＿＿＿＿＿ a paper clip.

(3) 下線部③を they の内容を明らかにして日本語になおしなさい。
（　　　　　　　　　　　　　　　　　　　　　　　）

6 日本文にあうように（　）内から適する語句を選び，〇で囲みなさい。
(1) 私はすべてのスポーツの中でテニスがもっとも好きです。
I like tennis the (better / best) (of / in) all sports.
(2) 彼女は5人の中でもっとも遅く起きます。
She gets up the (late / latest) (of / in) the five.
(3) あなたの学校でもっとも人気がある先生はだれですか。
Who is the (popular / most popular) teacher in your school?

7 〔　〕内の語を並べかえて，日本文にあう英文を書きなさい。
(1) 岩手は青森と同じくらい寒いです。
〔 Iwate / cold / is / as / Aomori / as 〕.
_____

(2) あなたのくつは彼女のものと同じくらい高価ですか。
〔 expensive / shoes / as / are / as / your / hers 〕?
_____

(3) 私はアキほど疲れていません。〔 not / as / as / Aki / I'm / tired 〕.
_____

8 次の日本文を英語になおしなさい。
(1) この図書館は私たちの市の中でもっとも大きいです。
_____

(2) 阿蘇山(Mt. Aso)と榛名山(Mt. Haruna)はどちらが高いですか。
_____

5 本文の理解
(1)「…と同じくらい〜」は as 〜 as …。「それぞれの」を意味する each のあとには名詞の単数形を置く。
(2)「ペーパークリップほど重くない」→「ペーパークリップより軽い」。

6 最上級
「もっとも〜」は〈the＋形容詞[副詞]の最上級〉の形にする。

ミス注意！
「〜で[〜の中で]」
in：あとの語が範囲や場所，単数を表す語句。
of：あとの語が仲間や同類，複数を表す語句。

7 「…と同じくらい〜」
おぼえよう！
・「…と同じくらい〜」は as 〜 as …。形容詞[副詞]はかわらない。
・「…ほど〜でない」は not as 〜 as …

8 英作文
(1)「〜の中で」は in, of のどちらを使うか考える。
(2) Which で文を始め，「〜と…」は or を使って表す。

テストに出る！
予想問題

PROGRAM 4 〜 Word Web 3
High-Tech Nature 〜 楽器の名前

⏱ 30分

/100点

1 (1)，(2)の絵やグラフについてそれぞれア〜ウの英文を聞き，内容を適切に表しているもの
を1つずつ選び，記号で答えなさい。　　　♪ a18　　4点×2〔8点〕

(1)

（　　　）

(2) 好きな動物

ウサギ 20%　犬 45%

ネコ 35%

（　　　）

2 対話と質問を聞いて，その答えとして適するものを1つ選び，記号で答えなさい。　♪ a19

ア　Yes, he does.　　　イ　No, he doesn't.　　　〔4点〕
ウ　Taku does.　　　　エ　Keiko is.　　　　　　（　　　）

3 次の日本文にあうように，＿＿に適する語を書きなさい。　　　4点×5〔20点〕

ミス注意！(1)　考えずに発言してはいけません。

You must not speak ＿＿＿＿＿＿＿＿ ＿＿＿＿＿＿＿＿.

(2)　あなたはギターをひくことができますか。

＿＿＿＿＿＿＿＿ you ＿＿＿＿＿＿＿＿ ＿＿＿＿＿＿＿＿ play the guitar?

(3)　明日晴れるといいですね。

＿＿＿＿＿＿＿＿ ＿＿＿＿＿＿＿＿ it will be sunny tomorrow.

(4)　雨つぶが屋根から流れ落ちています。

The shoes are ＿＿＿＿＿＿＿＿ ＿＿＿＿＿＿＿＿ the roof.

ミス注意！(5)　あなたがもっとも好きな本は何ですか。

＿＿＿＿＿＿＿＿ book do you like ＿＿＿＿＿＿＿＿ ＿＿＿＿＿＿＿＿?

4 各組の文がほぼ同じ内容を表すように，＿＿に適する語を書きなさい。　　4点×5〔20点〕

(1) ｛ Ken's bag is older than yours.
　　 Your bag is ＿＿＿＿＿＿＿＿ than Ken's.

ミス注意！(2) ｛ Is this question easier than that one?
　　 Is that question ＿＿＿＿＿＿＿＿ ＿＿＿＿＿＿＿＿ this one?

(3) ｛ My school is not as big as yours.
　　 Your school is ＿＿＿＿＿＿＿＿ ＿＿＿＿＿＿＿＿ mine.

やや難(4) ｛ She likes tennis the best of all sports.
　　 She likes tennis ＿＿＿＿＿＿＿＿ ＿＿＿＿＿＿＿＿ any other sport.

やや難(5) ｛ Yui can speak English better than Taku.
　　 Taku ＿＿＿＿＿＿＿＿ speak English as ＿＿＿＿＿＿＿＿ ＿＿＿＿＿＿＿＿ Yui.

5 次の対話文を読んで，あとの問いに答えなさい。　　〔16点〕

> *Jack:* Can you see that bird?
> *Emily:* Yes, it's a kingfisher. ①I think it's the most beautiful bird of all.
> *Jack:* ②〔 to / gave / a Shinkansen / the bird / engineer / a hint 〕.
> *Emily:* It did? How?
> *Jack:* Well, the Shinkansen is the fastest train （　③　） Japan.
> 　　④（しかし，それはトンネルに入るとき大きな音を出しました。）

(1) 下線部①を it の内容を明らかにして日本語になおしなさい。　　〈4点〉

　　（　　　　　　　　　　　　　　　　　　　　　　　　　　　　　　　）

(2) 下線部②が「その鳥は新幹線の技術者へヒントを与えました。」という意味になるように，
　　〔　〕内の語句を並べかえなさい。　　〈5点〉

　　_____

(3) ③の（　）に適する前置詞を書きなさい。　　_____　　〈3点〉

(4) 次の英文が下線部④の意味になるように，＿＿に適する語を書きなさい。　　〈4点〉

　　But it made a loud noise _____ it _____ tunnels.

6 〔　〕内の語や符号を並べかえて，日本文にあう英文を書きなさい。　　4点×3〔12点〕

(1) 本を読むことは友人と話すことと同じくらいわくわくします。

　　〔 friends / exciting / reading / is / as / talking / books / with 〕.　（1語補う）

　　_____

(2) あなたは英語と数学では，どちらが好きですか。

　　〔 , / you / like / better / English / and / or / which / do 〕 math?　（1語不要）

　　_____ math?

(3) 3つの問題のうち，どれが一番難しいですか。

　　〔 difficult / of / which / most / what / is / the 〕 the three questions?　（1語不要）

　　_____ the three questions?

7 次のようなとき，英語でどのように言うか書きなさい。　　5点×4〔20点〕

(1) 自分は夏より冬が好きだと言うとき。

　　_____

(2) 日本でもっとも有名な野球選手はだれであるかをたずねるとき。

　　_____

(3) 自分は相手ほどじょうずに絵を描けないと言うとき。（draw を使って）

　　_____

(4) 5本の中でこの鉛筆がもっとも長いことを伝えるとき。

　　_____

Work Experience 〜 レストランで食事をしよう

テストに出る！ ココが要点＆チェック！

〈疑問詞＋to＋動詞の原形〉　教 p.59〜p.67

1 「〜の仕方」「どのように〜するか」　→★オエックシ (1)(2)(3)

「〜の仕方」「どのように〜するか」と言うときは，〈how to＋動詞の原形〉の形で表す。how 以下は動詞の目的語になる。

I know **how to** play *kendama*.　　　私はけん玉の仕方を知っています。
〈〜の仕方，どのように〜するか〉　▶動詞の原形
▶下線部全体で 1 つの名詞と同じ働き，know の目的語になる

★〈how to＋動詞の原形〉以外も，〈疑問詞＋to＋動詞の原形〉の形で前の動詞の目的語になる。

I know **what to** do today.　　　私は今日何をしたらよいか知っています。
▶動詞の原形
▶何を〜したらよいか[すべきか]

I know **when to** leave.　　　私はいつ出発したらよいか知っています。
▶いつ〜したらよいか[すべきか]

I know **where to** get the bag.　　　私はどこでそのかばんを手に入れればよいか知っています。
▶どこで〜したらよいか[すべきか]

┌─── 〈疑問詞＋to＋動詞の原形〉を目的語にする動詞 ───┐
│ know（〜を知っている），learn（〜を学ぶ），tell（〜を教える），show（〜を示す）　　など │
└──────────────────────────────┘

〈look＋形容詞〉〈get＋形容詞〉〈become＋名詞[形容詞]〉　教 p.59〜p.67

2 「〜に見える」，「〜になる」　→★オエックシ (4)(5)

「〜に見える」「〜のようだ」は〈look＋形容詞〉，「〜になる」は〈get＋形容詞〉，〈become＋名詞[形容詞]〉の形で表す。

You **look** tired.　　　あなたは疲れているように見えます。
「〜に見える」　▶形容詞

I **got** excited.　　　私は興奮しました。
「〜になった」　▶形容詞

The song **became** popular.　　　その歌は人気になりました。
「〜になった」　▶形容詞

You'll **become** a famous doctor.　　　あなたは有名な医師になるでしょう。
「〜になる」　▶名詞

〈主語＋動詞＋人＋もの〉

教 p.59〜p.67

3 「〜に…をあげる」

➡️★(6)(7)(8)(9)

「〜に…をあげる」と言うときは〈give＋人＋もの〉の形で表す。動詞のあとに目的語を2つ置くことができる動詞は，ほかに buy, tell, send, show などがある。

My mother **gave** | *us* | these books.
「〜を与えた」┘　目的語①(人)　目的語②(もの)
　　　　　　　　「私たちに」　「これらの本を」

私の母は 私たちに これらの本を くれました。

★動詞のあとに目的語を2つ置く場合，「人」→「もの」の語順になる。

I'll **show** | *you* | my pictures.
「〜を見せる」┘　目的語①(人)　目的語②(もの)

私は あなたに 私の絵を見せるつもりです。

My friend **sent** | *me* | the postcard.
「〜を送った」┘　目的語①(人)　目的語②(もの)

私の友人は 私に 絵はがきを送りました。

Mr. Green **told** | *us* | a funny story.
「〜を言った」┘　目的語①(人)　目的語②(もの)

グリーンさんは 私たちに おかしい話をしました。

My grandfather **bought** | *me* | a bike.
「〜を買った」┘　目的語①(人) 目的語②(もの)

私の祖父は 私に 自転車を買いました。

My father **made** | *us* | a nice dinner.
「〜を作った」┘　目的語①(人)　目的語②(もの)

私の父は 私たちに すてきな夕食を作りました。

┌─── 〈もの＋to[for]＋人〉の語順での表し方 ───┐

My mother gave these books to *us*. ┐ give, show, teach, tell, send など
I'll show my pictures to *you*. ┘ 〈動詞＋もの＋**to**＋人〉
My grandfather bought a bike for *me*. ┐ buy, make など
My father made a nice dinner for *us*. ┘ 〈動詞＋もの＋**for**＋人〉

☆チェック! (1)〜(3)は(　)内に適する語を下の語群から選びなさい。(4)〜(9)は(　)内から適するものを選びなさい。

1
- □ (1) I don't know (　　　　) to use a computer.　　私はコンピュータの使い方がわかりません。
- □ (2) Do you know (　　　　) to sing?　　あなたは何を歌えばよいか知っていますか。
- □ (3) I don't know (　　　　) to wash the car.　　私はいつ車を洗えばよいかわかりません。

2
- □ (4) She looks (to be sad / sad).　　彼女は悲しそうに見えます。
- □ (5) Bob became (to a famous writer / a famous writer).　ボブは有名な作家になりました。

3
- □ (6) Please show (me your camera / your camera me).　私にあなたのカメラを見せてください。
- □ (7) I gave some books (to him / him).　　私は彼に何冊かの本をあげました。
- □ (8) Did he buy a watch (for you / you)?　　彼はあなたに時計を買いましたか。
- □ (9) I sent (her a present / a present her).　　私は彼女にプレゼントを送りました。

〔語群： when where how what who 〕

テスト対策問題

テスト対策✹ナビ

♪ リスニング

♪ a20

1 英文を聞いて，その内容を適切に表している絵を１つ選び，記号で答えなさい。

ア　　イ　　ウ　　エ

(　　　　)

2 (1)～(6)は単語の意味を書き，(7)～(10)は日本語を英語にしなさい。

(1) lend 　　（　　　　　　） (2) importance（　　　　　　）

(3) treat 　　（　　　　　　） (4) remember（　　　　　　）

(5) excited 　（　　　　　　） (6) story 　　（　　　　　　）

(7) ～になる ＿＿＿＿＿＿＿ (8) 息子 ＿＿＿＿＿＿＿

(9) teach の過去形 ＿＿＿＿＿＿ (10) speak の過去形 ＿＿＿＿＿＿

2 重要単語
(2)形容詞は important
（重要な）。
(8)対の意味を表す語は
daughter「娘」。
(9)(10)不規則動詞の活用
を覚えよう。

よく出る **3** 次の日本文にあうように，＿＿＿に適する語を書きなさい。

(1) 彼女は泳ぐのが得意です。

She ＿＿＿＿＿ ＿＿＿＿＿ ＿＿＿＿＿ swimming.

(2) あなたはすぐにそのいたずらに気づくでしょう。

You will ＿＿＿＿＿ ＿＿＿＿＿ the trick soon.

(3) 彼は何回も叫びました。　He shouted ＿＿＿＿＿ ＿＿＿＿＿.

(4) ご注文はお決まりですか。

＿＿＿＿＿ ＿＿＿＿＿ ＿＿＿＿＿ to order?

3 重要表現
(1)be 動詞は主語や時
制にあわせてかわる。
at のあとは名詞また
は動名詞。
(4)レストランで店員が
注文をとるときの表現。

4 〔　〕内の語句を並べかえて，日本文にあう英文を書きなさい。

(1) 私の妹はカメラの使い方がわかりません。

〔 doesn't / a camera / my / how / use / sister / know / to 〕.

＿＿＿＿＿＿＿＿＿＿＿＿＿＿＿＿＿＿＿＿＿＿＿

(2) 私はいつ家に帰ればよいかわかりませんでした。

I didn't 〔 when / know / go / to / home 〕.

I didn't ＿＿＿＿＿＿＿＿＿＿＿＿＿＿＿＿＿.

ミス 注意! (3) 私は何をしたらよいかわかりません。

〔 do / don't / what / I / know / to 〕.

＿＿＿＿＿＿＿＿＿＿＿＿＿＿＿＿＿＿＿＿＿

(4) 彼はどこで花を買えばよいか知っていますか。

〔 he / where / does / flowers / know / buy / to 〕?

＿＿＿＿＿＿＿＿＿＿＿＿＿＿＿＿＿＿＿＿＿

4 〈疑問詞＋to＋動
詞の原形〉

ポイント

〈疑問詞＋to＋動詞の
原形〉で使う疑問詞
・どのように，～の仕
　方 → how
・どこで → where
・いつ → when
・何を → what

p.37 答　(1) how　(2) what　(3) when　(4) sad　(5) a famous writer　(6) me your camera　(7) to him
(8) for you　(9) her a present

5 次の対話文を読んで，あとの問いに答えなさい。

> *Daniel:* I placed many goods on the shelves. ①〔 to / well / I / how / do / learned / it 〕. But I dropped a pack （ ② ）eggs on the floor （ ③ ）mistake.
>
> *Mao:* Oh, no!
>
> *Daniel:* ④No one blamed me, but I couldn't forget about it all day.

(1) 下線部①が「私はそれのじょうずなやり方を学びました。」という意味になるように，〔 〕内の語を並べかえなさい。

_____

(2) ②，③の（ ）に適する前置詞を書きなさい。

② _____ ③ _____

🈁注意! (3) 下線部④を日本語になおしなさい。

(   )

(1)〈how to＋動詞の原形〉は「〜の仕方」「どのように〜するか」。
(3) not を使わない否定の形。文全体を否定の意味で訳す。

6 日本文にあうように，（ ）内から適する語を選び，◯で囲みなさい。

(1) その子どもたちはわくわくして見えます。

The children (look / see) excited.

(2) 私は将来サッカー選手になりたいです。

I want to (become / get) a soccer player in the future.

(3) その男性は病気のように見えません。

The man doesn't look (sick / to sick).

6 〈look＋形容詞〉〈become＋名詞[形容詞]〉

ポイント
・〈look＋形容詞〉
→「〜に見える」
・〈become＋形容詞[名詞]〉
→「〜になる」

7 各組の文がほぼ同じ内容を表すように，____に適する語を書きなさい。

(1) { Jiro gave her a present.
    Jiro gave a present _____ _____.

(2) { Did they send pictures to him?
    Did they send _____ _____?

(3) { Ms. Green teaches English to us.
    Ms. Green teaches _____ _____.

(4) { My father bought me a cute bag.
    My father bought a cute bag _____ _____.

7 〈主語＋動詞＋人＋もの〉

ポイント
〈主語＋動詞＋人＋もの〉は〈主語＋動詞＋もの＋to または for＋人〉に言いかえられる。
・give, show, tell, send, teach など
→〈to＋人〉
・make, buy など
→〈for＋人〉

8 次の日本文を英語になおしなさい。

(1) 昨年，私のおばは病気になりました。 （My aunt で始める）

_____

(2) 私たちはいつここに来ればよいかわかりませんでした。

_____

8 英作文
(1)「〜になる」は〈become＋形容詞〉。
(2)「いつ来ればよいか」は when to come。

テストに出る！
予想問題

PROGRAM 5 〜 Power-Up 3
Work Experience 〜 レストランで食事をしよう

⏱ 30分
/100点

🎵 ① 英文を聞いて，内容にもっとも適する絵を１つ選び，記号で答えなさい。 🎵 a21 〔4点〕

ア　イ　ウ　エ

（　　　）

🎵 ② 対話と質問を聞いて，その答えとして適するものを１つ選び，記号で答えなさい。 🎵 a22

ア　She'll buy a white coat.　　イ　She'll buy a black coat. 〔4点〕
ウ　She'll buy two coats.　　エ　She can't decide.

（　　　）

③ 次の日本文にあうように，＿＿＿に適する語を書きなさい。 3点×5〔15点〕

(1) 走り始める準備はできていますか。

＿＿＿＿＿＿＿ you ＿＿＿＿＿＿＿ ＿＿＿＿＿＿＿ start running?

(2) お飲み物はいかがでしょうか。

＿＿＿＿＿＿＿ ＿＿＿＿＿＿＿ ＿＿＿＿＿＿＿ something to drink?

(3) よかったですね。

Good ＿＿＿＿＿＿＿ ＿＿＿＿＿＿＿.

(4) （注文は）今のところ以上です。

That's all ＿＿＿＿＿＿＿ ＿＿＿＿＿＿＿.

(5) まず，行動を起こすべきです。

First, you should ＿＿＿＿＿＿＿ ＿＿＿＿＿＿＿.

④ 次の文を（　）内の指示にしたがって書きかえなさい。 4点×5〔20点〕

(1) I'll tell this story to the students.　（to を使わず同じ内容の文に）

＿＿＿＿＿＿＿＿＿＿＿＿＿＿＿＿＿＿＿＿＿＿＿＿＿＿＿＿＿＿＿

やや難 (2) We got the shoes from our uncle.　（our uncle を主語にして６語の同じ内容の文に）

＿＿＿＿＿＿＿＿＿＿＿＿＿＿＿＿＿＿＿＿＿＿＿＿＿＿＿＿＿＿＿

やや難 (3) I don't know. Where should I have lunch?　（２文を７語の１文に）

＿＿＿＿＿＿＿＿＿＿＿＿＿＿＿＿＿＿＿＿＿＿＿＿＿＿＿＿＿＿＿

(4) His cap is cool.　（「かっこよく見えます」の文に）

＿＿＿＿＿＿＿＿＿＿＿＿＿＿＿＿＿＿＿＿＿＿＿＿＿＿＿＿＿＿＿

ミス注意 (5) Kenta showed them some pictures.　（下線部をたずねる６語の文に）

＿＿＿＿＿＿＿＿＿＿＿＿＿＿＿＿＿＿＿＿＿＿＿＿＿＿＿＿＿＿＿

5 次の健の発表を読んで，あとの問いに答えなさい。　　　　　　　　　　　〔19点〕

> ①An old woman lived there (　　　　). When we gave ②(to her / her) the
> package, she found out it was from her son. She ③(looked / looked at) very happy
> and thanked us many times. ④I was so glad to see that. ⑤This work experience
> [taught / the importance / of / me / others / working / for].

(1) 下線部①が「年をとった女性がそこにひとりで住んでいました。」という意味になるよ
　　うに，(　)に適する語を書きなさい。　　　　＿＿＿＿＿＿＿＿　　　　〈3点〉

(2) ②，③の(　)内から適する語句を選びなさい。　　　　　　　　4点×2〈8点〉
　　　②＿＿＿＿＿＿＿　　　③＿＿＿＿＿＿＿

(3) 下線部④を that の内容を明らかにして日本語になおしなさい。　　　　　〈4点〉
　　(　　　　　　　　　　　　　　　　　　　　　　　　　　　　　　　　)

(4) 下線部⑤が「この仕事体験は私に他者のために働くことの大切さを教えてくれました。」
　　という意味になるように，[　]内の語句を並べかえなさい。　　　　　〈4点〉
　　This work experience ＿＿＿＿＿＿＿＿＿＿＿＿＿＿＿＿＿＿＿＿＿.

6 [　]内の語句を並べかえて，日本文にあう英文を書きなさい。　　5点×4〔20点〕

(1) 私はどこでテニスをすればよいか知りたいです。
　　[know / play / where / I'd / to / to / like / tennis].
　　＿＿＿＿＿＿＿＿＿＿＿＿＿＿＿＿＿＿＿＿＿＿＿＿＿＿＿＿＿＿＿＿＿＿

(2) ミキは彼らに朝食を作ってあげましたか。
　　[make / them / breakfast / did / for / Miki]?
　　＿＿＿＿＿＿＿＿＿＿＿＿＿＿＿＿＿＿＿＿＿＿＿＿＿＿＿＿＿＿＿＿＿＿

(3) 彼は子どもたちの写真を見るとき，幸せそうに見えます。
　　He [looks / of / the pictures / when / he / looks / his / happy / children / at].
　　He ＿＿＿＿＿＿＿＿＿＿＿＿＿＿＿＿＿＿＿＿＿＿＿＿＿＿＿＿＿＿＿.

(4) 私は友人に手紙を送るつもりです。
　　[will / send / my / a letter / I / friend / to].
　　＿＿＿＿＿＿＿＿＿＿＿＿＿＿＿＿＿＿＿＿＿＿＿＿＿＿＿＿＿＿＿＿＿＿

7 次の日本文を英語になおしなさい。　　　　　　　　　　　　6点×3〔18点〕

(1) その歌手は日本でとても人気になりました。
　　＿＿＿＿＿＿＿＿＿＿＿＿＿＿＿＿＿＿＿＿＿＿＿＿＿＿＿＿＿＿＿＿＿＿

(2) 私は妹にしばしば(often)数学を教えます。　（6語で）
　　＿＿＿＿＿＿＿＿＿＿＿＿＿＿＿＿＿＿＿＿＿＿＿＿＿＿＿＿＿＿＿＿＿＿

(3) 私はあなたの家への行き方を知っています。　（8語で）
　　＿＿＿＿＿＿＿＿＿＿＿＿＿＿＿＿＿＿＿＿＿＿＿＿＿＿＿＿＿＿＿＿＿＿

PROGRAM 6 〜 Steps 3

Live Life in True Harmony 〜 会話をつなげ，深めよう

テストに出る！ ココが要点&チェック！

受け身

教 p.69〜p.77

1 肯定文「〜され(てい)ます」

➡★ (1)(2)(3)

「〜され(てい)ます」と言うときは，〈be 動詞＋過去分詞〉の形で表す（**受け身**）。受け身の文では，ふつうの文の目的語が主語になる。be 動詞は主語や時制にあわせる。

ふつうの文 People use English in Australia. オーストラリアでは人々は英語を使います。
主語 / 目的語

⇩

受け身の文 English is used in Australia. オーストラリアでは英語が使われています。
三人称・単数・現在◀ ┗▶過去分詞

These chocolates are made in Hokkaido.
主語が複数・現在◀ ┗▶過去分詞 これらのチョコレートは北海道で作られています。

─ 過去分詞の作り方 ─

原形	過去形	過去分詞
① like	liked	liked
② make	made	made
③ see	saw	seen
④ put	put	put

▶規則動詞は，過去形も過去分詞も –(e)d をつける（①）。
▶不規則動詞は過去形と過去分詞が同じ形のもの（②），違う形のもの（③）がある。
▶原形を含め，すべて形が同じもの（④）もある。

2 否定文「〜され(てい)ません」

➡★ (4)(5)

「〜され(てい)ません」と言うときは，be 動詞のあとに not を置く。be 動詞の否定文と同じ。

否定文 English isn't used in the country. 英語はその国では使われていません。
be 動詞のあとに not◀ ┗▶過去分詞

These chocolates aren't made in Hokkaido. これらのチョコレートは北海道では作られていません。
be 動詞のあとに not◀ ┗▶過去分詞

3 疑問文「〜され(てい)ますか」

➡★ (6)

「〜され(てい)ますか」と言うときは，be 動詞を主語の前に出す。答えるときも，be 動詞を使う。

疑問文 Is English used in the country? 英語はその国で使われていますか。
主語の前◀ ┗▶過去分詞

— Yes, it is. / No, it isn't. はい，使われています。／
┗▶答えるときも be 動詞 いいえ，使われていません。

Are these chocolates made in Hokkaido? これらのチョコレートは北海道で作られていますか。
主語の前◀ ┗▶過去分詞

— Yes, they are. / No, they aren't. はい，作られています。／
┗▶答えるときも be 動詞 いいえ，作られていません。

4 行為者を示す受け身の文 ➡★(7)

「…によって～され(てい)ます」と動作の行為者をはっきり示すときは，〈be 動詞＋過去分詞〉のあとに by ... をつける。

ふつうの文 Ashikaga Yoshimitsu built the temple.
主語　　　　　　　　　　　　目的語

足利義満はその寺を建てました。

受け身の文 The temple **was built** **by** Ashikaga Yoshimitsu.
〈be 動詞＋過去分詞〉◄　　　　　　　►①動作を行った人やもの　②代名詞の場合は目的格

その寺は足利義満によって建てられました。

否定文 The temple **wasn't built** **by** Ashikaga Yoshimitsu.
be 動詞のあとに not◄

その寺は足利義満によって建てられませんでした。

疑問文 **Was** the temple **built** **by** Ashikaga Yoshimitsu?
主語の前◄

その寺は足利義満によって建てられましたか。

— Yes, it **was**. / No, it **wasn't**.

はい，建てられました。／いいえ，建てられませんでした。

・ **by ～の使い方** ・
by 以下には**直接の行為者**を表す言葉を置く。
「多くの国で」など，直接の行為者ではない場合は by ...を使わない。

5 その他の受け身の文 ➡★(8)(9)

受け身を表す文で，by 以外の前置詞が使われる場合もある。

Shirakawago **is known to** people around the world.
〈be 動詞＋known to ～〉→ ～に知られている

白川郷は世界じゅうの人々に知られています。

All the houses **are covered with** snow.
〈be 動詞＋covered with ～〉→ ～でおおわれている

すべての家は雪でおおわれています。

☆チェック！ (1)～(3)は(　)内の語を適する形にしなさい。(4)～(9)は適する語を書きなさい。

1
□ (1) Many doctors are (　　　　　　). (need)　多くの医者が必要とされています。
□ (2) These flowers are (　　　　　　) in many countries. (see)
これらの花は多くの国で見られます。
□ (3) These songs are (　　　　　　) in Japanese. (sing) これらの歌は日本語で歌われています。

2
□ (4) Her work (　　　　　) finished.　彼女の仕事は終えられませんでした。
□ (5) This song (　　　　　) known very much.　この歌はあまり知られていません。

3
□ (6) (　　　　　) this cookie sold in Japan?　このクッキーは日本で売られていますか。
　　 — Yes, it (　　　　　).　— はい，売られています。

4
□ (7) This book was written (　　　　) Shiga Naoya.　この本は志賀直哉によって書かれました。

5
□ (8) The man is known (　　　　) many people.　その男性は多くの人々に知られています。
□ (9) The street was covered (　　　　　) snow.　その道路は雪でおおわれていました。

☆チェック！ の答えは次ページ ➡ **43**

テスト対策問題

テスト対策ナビ

♪ リスニング

♪ a23

1 英文を聞いて，内容ともっともあう絵を１つ選び，記号で答えなさい。

ア こんにちは！　イ Hello!　ウ 你好！　エ Bonjour!

(　　　　)

2 (1)〜(6)は単語の意味を書き，(7)〜(10)は日本語を英語にしなさい。

(1) award　(　　　　　　　)　(2) political　(　　　　　　　)

(3) issue　(　　　　　　　)　(4) respect　(　　　　　　　)

(5) dedicate　(　　　　　　　)　(6) president　(　　　　　　　)

(7) 休日　＿＿＿＿＿＿　(8) see の過去分詞＿＿＿＿＿＿

(9) 相互の　＿＿＿＿＿＿　(10) 影響を及ぼす＿＿＿＿＿＿

2 重要単語

(8)過去分詞は過去形と
異なる形。

よく出る **3** 次の日本文にあうように，＿＿に適する語を書きなさい。

(1) 彼は新しい学校を設立しました。

He ＿＿＿＿＿＿＿ ＿＿＿＿＿＿＿ a new school.

(2) 何百万もの人々がその歌を聞きます。

＿＿＿＿＿＿＿ ＿＿＿＿＿＿＿ people listen to the song.

(3) 彼はクラスでもっとも背が高い男子のうちの１人です。

He is ＿＿＿＿＿＿ ＿＿＿＿＿＿ the tallest boys in his class.

(4) 彼らは伝統的な日本の文化に興味があります。

They ＿＿＿＿＿＿＿ ＿＿＿＿＿＿＿ ＿＿＿＿＿＿＿ traditional

Japanese culture.

3 重要表現

(1) set は過去形，過去
分詞が同形の不規則動
詞。

(3)最上級を使った表現。

(4)前置詞に注意する。

4 受け身の文

ポイント

・「〜され(てい)ます」
は〈be 動詞＋過去分
詞〉の形で表す。

・be 動詞は主語と時
制にあわせてかえる。

4 次の文の＿＿に，(　)内の語を適する形にかえて書きなさい。た
だし，形がかわらないものもある。

(1) The letter is ＿＿＿＿＿＿ in English.　(write)

(2) This ice cream isn't ＿＿＿＿＿＿ in Hokkaido.　(make)

(3) These balls are ＿＿＿＿＿＿ in baseball.　(use)

(4) Was his room ＿＿＿＿＿＿ yesterday?　(clean)

(5) Are many books ＿＿＿＿＿＿ on the desk?　(put)

(6) My school was ＿＿＿＿＿＿ in 1980.　(build)

(7) *Pokemon* is ＿＿＿＿＿＿ in many countries.　(know)

・規則動詞の過去分詞
は動詞の語尾に -(e)d
をつける。過去形と同
じ形。

・不規則動詞は不規則
にかわり，過去形と過
去分詞が違うものもあ
る。

p.43 答　(1) needed　(2) seen　(3) sung　(4) wasn't　(5) isn't　(6) Is / is　(7) by　(8) to　(9) with

5 次の対話文を読んで，あとの問いに答えなさい。

5　本文の理解

> *Ms. Miller:*　It's Stevie Wonder's song.
> *Ken:*　①Is he a famous musician?
> *Ms. Miller:*　Yes. ②[his / are / all / songs / over / sung / the world].
> 　③He tackles difficult problems (　　　) his music.

(1)　下線部①を日本語になおしなさい。
　（　　　　　　　　　　　　　　　　　　　）

(2)　下線部②が「彼の歌は世界じゅうで歌われています。」という
　意味になるように，[　]内の語句を並べかえなさい。
　＿＿＿＿＿＿＿＿＿＿＿＿＿＿＿＿＿＿＿＿＿

(3)　下線部③が「彼は彼の音楽を通して難しい問題に取り組んでい
　ます。」という意味になるように，（　）に適する語を書きなさい。
　＿＿＿＿＿＿＿

(1) be 動詞の疑問文。

(2) his songs を主語にして受け身の文を作る。

(3)「〜を通して」を意味する前置詞は？

6 次の文を受け身の文に書きかえるとき，＿＿に適する語を書きなさい。

(1){ My mother took these pictures.
　These pictures were ＿＿＿＿ ＿＿＿＿ my mother.

(2){ People still love the songs.
　The songs ＿＿＿＿ still ＿＿＿＿.

(3){ Did you find the pen yesterday?
　＿＿＿＿ the pen ＿＿＿＿ by you yesterday?

6　行為者を示す受け身の文

ポイント
動作の行為者をはっきり示すときは〈be 動詞＋過去分詞〉のあとに by ...で示す。行為者を示す必要ないときは by ...は不要。

7 次の日本文にあうように，＿＿に適する語を書きなさい。

(1)　その車は多くの国で売られています。
　The car ＿＿＿＿ ＿＿＿＿ ＿＿＿＿ many countries.

(2)　道路は雪でおおわれていました。
　The road ＿＿＿＿ ＿＿＿＿ ＿＿＿＿ snow.

(3)　姫路城は多くの人に知られています。
　Himeji Castle is ＿＿＿＿ ＿＿＿＿ many people.

7　その他の受け身の文

おぼえよう！
by 以外の前置詞を使う受け身の表現
be known to 〜
（〜に知られている）
be covered with 〜
（〜におおわれている）

8 次の日本文を受け身の文を使って英語になおしなさい。

(1)　彼の本は多くの若者に読まれています。（books を使って）
　＿＿＿＿＿＿＿＿＿＿＿＿＿＿＿

(2)　彼はいつその車を買いましたか。
　＿＿＿＿＿＿＿＿＿＿＿＿＿＿＿

8　英作文
(1)「多くの若者に」は by ...で表す。
(2) when を文頭に，主語を the car にした過去の受け身の疑問文。

テストに出る！
予想問題

PROGRAM 6 〜 Steps 3
Live Life in True Harmony 〜 会話をつなげ，深めよう

⏱ 30分

/100点

🎵 **1** 英文を聞いて，内容にあう絵を１つ選び，記号で答えなさい。　♪ a24　〔5点〕

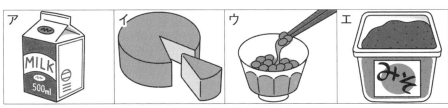

（　　　）

🎵 **2** 対話と質問を聞いて，その答えとして適するものを１つ選び，記号で答えなさい。　♪ a25

ア　Yes, they were.　　　　イ　No, they weren't.　〔4点〕

ウ　Yes, it was.　　　　　　エ　No, it wasn't.　（　　　）

3 次の日本文にあうように，＿＿に適する語を書きなさい。　3点×2〔6点〕

(1)　この歌は日本でもっとも人気がある歌のうちの１つです。

This song is one of the ＿＿＿＿＿＿ ＿＿＿＿＿＿ ＿＿＿＿＿＿ in Japan.

(2)　日本の車は世界じゅうで売られています。

Japanese cars are sold ＿＿＿＿＿＿ ＿＿＿＿＿＿ the ＿＿＿＿＿＿.

よく出る **4** 次の文を（　）内の指示にしたがって書きかえなさい。　5点×4〔20点〕

(1)　Tennis is played in many countries.　（疑問文に）

＿＿＿＿＿＿＿＿＿＿＿＿＿＿＿＿＿＿＿＿＿＿＿＿＿＿＿＿＿＿＿＿＿

(2)　My daughter sang this song.　（受け身の文に）

＿＿＿＿＿＿＿＿＿＿＿＿＿＿＿＿＿＿＿＿＿＿＿＿＿＿＿＿＿＿＿＿＿

ミス注意! (3)　The umbrella was made in France.　（下線部をたずねる文に）

＿＿＿＿＿＿＿＿＿＿＿＿＿＿＿＿＿＿＿＿＿＿＿＿＿＿＿＿＿＿＿＿＿

やや難 (4)　What did the girl find?　（受け身の文に）

＿＿＿＿＿＿＿＿＿＿＿＿＿＿＿＿＿＿＿＿＿＿＿＿＿＿＿＿＿＿＿＿＿

5 次の対話が成り立つように，＿＿に適する語を書きなさい。　5点×3〔15点〕

(1)　*A:*　＿＿＿＿＿＿＿＿ ＿＿＿＿＿＿＿ that library built?

　　　B:　About five years ago.

(2)　*A:*　＿＿＿＿＿＿＿＿ ＿＿＿＿＿＿＿ is the room cleaned?

　　　B:　It ＿＿＿＿＿＿＿ ＿＿＿＿＿＿＿ at seven in the evening.

(3)　*A:*　Did you make this *onigiri*?

　　　B:　No.　It ＿＿＿＿＿＿＿ ＿＿＿＿＿＿＿ ＿＿＿＿＿＿＿ my mother.

6 次の対話文を読んで，あとの問いに答えなさい。　　　　　　　　　5点×3〔15点〕

> *Ms. Miller:* Do you know the song "Happy Birthday"?
> *Ken:* No. ① (それはスティービー・ワンダーによって書かれましたか。)?
> *Ms. Miller:* Yes, it was. ② 〔 set / was / to / up / it / a national holiday / for / used 〕
> Dr. Martin Luther King, Jr.
> *Ken:* I know his name.　He fought for civil rights.
> *Ms. Miller:* That's right. ③ Stevie was greatly influenced by Dr. King.

(1) 次の英文が下線部①の意味になるように，＿＿＿に適する語を書きなさい。

＿＿＿＿＿＿＿＿ it ＿＿＿＿＿＿＿ ＿＿＿＿＿＿＿ Stevie Wonder?

(2) 下線部②が「それはマーティン・ルーサー・キング，ジュニア（キング牧師）のための国民の休日を創立するために使われました。」という意味になるように，〔　〕内の語句を並べかえなさい。

＿＿＿＿＿＿＿＿＿＿＿＿＿＿＿＿＿＿＿＿ Dr. Martin Luther King, Jr.

(3) 下線部③を日本語になおしなさい。

(　　　　　　　　　　　　　　　　　　　　　　　　　　　　　　　　　　　　）

7 〔　〕内の語句を並べかえて，日本文にあう英文を書きなさい。　　　5点×4〔20点〕

(1) この国では何語が使われていますか。

〔 in / language / used / country / is / what / this 〕?

＿＿＿＿＿＿＿＿＿＿＿＿＿＿＿＿＿＿＿＿＿＿＿＿＿＿＿＿＿＿＿＿＿＿

^{やや難}(2) あなたは，すき焼きが世界じゅうの人々に知られていると思いますか。

〔 you / *sukiyaki* / known / think / people / do / is / to / around the world 〕?

＿＿＿＿＿＿＿＿＿＿＿＿＿＿＿＿＿＿＿＿＿＿＿＿＿＿＿＿＿＿＿＿＿＿

(3) ここでは星を見ることはできません。

〔 seen / be / can't / stars / here 〕.

＿＿＿＿＿＿＿＿＿＿＿＿＿＿＿＿＿＿＿＿＿＿＿＿＿＿＿＿＿＿＿＿＿＿

(4) 先月新しい橋が建てられました。

〔 a / was / new / bridge 〕 last month.　（1語補う）

＿＿＿＿＿＿＿＿＿＿＿＿＿＿＿＿＿＿＿＿＿＿＿＿＿＿ last month.

8 次の日本文を受け身の文を使って英語になおしなさい。　　　　　　　5点×3〔15点〕

(1) それらのいすはその少年たちによって運ばれました。

＿＿＿＿＿＿＿＿＿＿＿＿＿＿＿＿＿＿＿＿＿＿＿＿＿＿＿＿＿＿＿＿＿＿

(2) その花はどこで見つけられましたか。

＿＿＿＿＿＿＿＿＿＿＿＿＿＿＿＿＿＿＿＿＿＿＿＿＿＿＿＿＿＿＿＿＿＿

^{やや難}(3) 山田先生（Mr. Yamada）によって何の科目が教えられていますか。

＿＿＿＿＿＿＿＿＿＿＿＿＿＿＿＿＿＿＿＿＿＿＿＿＿＿＿＿＿＿＿＿＿＿

Our Project 5 〜 Reading 2

こんな人になりたい〜 Friendship beyond Time and Borders

テストに出る! ココ が 要点 & チェック!

受け身，不定詞，助動詞のさまざまな用法(復習)　　　教 p.80

1 by 以外の前置詞を使う受け身　　(1)(2)

「…によって〜され(てい)る[た]」と言うときは〈be 動詞＋過去分詞〉のあとに by … の形でつけ加えるが，by 以外の前置詞を使う受け身の表現もある。

This letter **was written** by Tom.　　この手紙はトムによって書かれました。
→「〜によって」→動作の行為者，Tom wrote this letter.

Edison **is known** as a great American inventor.
→「〜として」→動作の行為者ではない，Edison = a great American inventor
エジソンは偉大なアメリカの発明家として知られています。

2 感情の原因を表す不定詞　　(3)(4)

不定詞の副詞的用法は「〜するために」と動詞の目的を表すほか，「〜して」と感情の原因も表す。

目 的 I got up early **to write** a letter.　　私は手紙を書くために早く起きました。
got up early の目的

原 因 Edison was lucky **to learn** many things from failure.
lucky の原因　　エジソンは失敗からたくさんのことを学んで幸運でした。

3 禁止を表す must　　(5)(6)

〈must＋動詞の原形〉は「〜しなければならない」を表す(義務・命令)。must の否定形〈must not＋動詞の原形〉は「〜してはいけない」を表す(禁止)。

義務・命令 You **must** wait for dinner.　　あなたは夕食を待たなければなりません。
動詞の原形

禁 止 We **mustn't** be afraid of failure.　　私たちは失敗を恐れてはいけません。
= must not の短縮形

☆チェック!　日本文にあうように，(　)内から適する語句を選びなさい。

1
- □ (1) The book is known (to / by) many people.　　その本はたくさんの人々に知られています。
- □ (2) He is known (to / as) a famous singer.　　彼は有名な歌手として知られています。

2
- □ (3) I am happy (to see / seeing) you.　　私はあなたに会えてうれしいです。
- □ (4) Mary was sad (to hear / hearing) the news.　　メアリーはその知らせを聞いて悲しかったです。

3
- □ (5) (Can / Must) I clean the room?　　私は部屋を掃除しなければなりませんか。
  　　 — No, you (mustn't / don't have to).　　— いいえ，掃除する必要はありません。
- □ (6) You (mustn't / don't have to) run in the room.　　あなたは部屋の中で走ってはいけません。

テスト対策問題

1 (1)～(6)は単語の意味を書き，(7)～(10)は日本語を英語にしなさい。

(1) war （　　　　　）　　(2) fail （　　　　　）

(3) return （　　　　　）　　(4) suddenly （　　　　　）

(5) dead （　　　　　）　　(6) choose （　　　　　）

(7) 村 ＿＿＿＿＿＿　　(8) meet の過去形 ＿＿＿＿＿＿

(9) keep の過去形 ＿＿＿＿＿＿　　(10) 着陸する ＿＿＿＿＿＿

1 重要単語
(2)名詞は failure。
(5) the dead は「死者」。

2 次の日本文にあうように，＿＿＿に適する語を書きなさい。

(1) 私は，たとえばトマトなどの野菜が好きではありません。

I don't like vegetables ＿＿＿＿＿＿ ＿＿＿＿＿＿ tomatoes.

(2) 彼は踊り続けました。

He ＿＿＿＿＿＿ ＿＿＿＿＿＿.

(3) 彼らは私たちの飛行機を撃ち落とすでしょう。

They will ＿＿＿＿＿＿ ＿＿＿＿＿＿ our plane.

(4) 私たちは次々と逃げました。

We ran away ＿＿＿＿＿＿ ＿＿＿＿＿＿ ＿＿＿＿＿＿.

2 重要表現
(1)例を出すときの表現。

(2)「～し続ける」の「～」
に入る動詞は -ing 形
にする。

3 下線部の語句を主語にして，受け身の文に書きかえなさい。

(1) Leaves cover the roof of that house.

＿＿＿＿＿＿＿＿＿＿＿＿＿＿＿＿＿＿＿＿＿＿

(2) A lot of children know the song.

＿＿＿＿＿＿＿＿＿＿＿＿＿＿＿＿＿＿＿＿＿＿

(3) People know him as a great singer.

＿＿＿＿＿＿＿＿＿＿＿＿＿＿＿＿＿＿＿＿＿＿

3 by 以外の前置詞
を使う受け身
(3)行為者が一般の人々
であるときは by～ を
置く必要はない。

4 次の英文を日本語になおしなさい。

(1) They were surprised to hear the news.

（　　　　　　　　　　　　　　　　　　　　　）

(2) He studies hard to be a doctor.

（　　　　　　　　　　　　　　　　　　　　　）

4 感情の原因を表す
不定詞

ポイント

〈形容詞＋不定詞〉
不定詞の前に感情を表
す形容詞があるとき，
不定詞の部分が「～し
て」とその感情の原因
を表す。

5 次の文を（　）内の指示にしたがって書きかえなさい。

(1) You go there today. （6語で禁止を表す文に）

＿＿＿＿＿＿＿＿＿＿＿＿＿＿＿＿＿＿＿＿＿＿

(2) She must take off her shoes here. （疑問文に）

＿＿＿＿＿＿＿＿＿＿＿＿＿＿＿＿＿＿＿＿＿＿

5 禁止を表す must

おぼえよう！

・must（肯定文）
「～しなければならな
い」
・must not（否定文）
「～してはいけない」
・don't have to ～
「～する必要はない」

テストに出る！
予想問題

Our Project 5 〜 Reading 2　❶
こんな人になりたい〜 Friendship beyond Time and Borders

⏱ 30分

/100点

1 英文を聞いて，内容としてもっとも適する絵を１つ選び，記号で答えなさい。　♪a26　〔5点〕

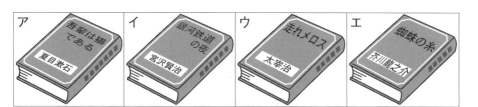

ア　吾輩は猫である　夏目漱石
イ　銀河鉄道の夜　宮沢賢治
ウ　走れメロス　太宰治
エ　蜘蛛の糸　芥川龍之介

（　　　）

2 対話と質問を聞いて，その答えとして適するものを１つ選び，記号で答えなさい。　♪a27

　　ア　Because Eita is going to move to Hokkaido.　　〔5点〕

　　イ　Because Kento is going to move to Hokkaido.

　　ウ　Because Eita moved to Hokkaido.　　　　　　　（　　　）

3 次の日本文にあうように，＿＿に適する語を書きなさい。　3点×7〔21点〕

(1) あなたの弟たちはドアの後ろにいますか。

Are your brothers ＿＿＿＿＿＿＿＿ the door?

(2) 私たちは新しい家の前で写真をとりました。

We took pictures ＿＿＿＿＿＿ ＿＿＿＿＿＿ ＿＿＿＿＿＿ our new house.

(3) カエルが池に飛びこみました。　A *frog jumped ＿＿＿＿＿＿ the pond.　＊frog：カエル

(4) 時間が不足しつつありました。　The time was ＿＿＿＿＿＿ ＿＿＿＿＿＿.

(5) それらの船は千葉沖で沈みました。

Those ships ＿＿＿＿＿＿ ＿＿＿＿＿＿ the coast of Chiba.

(6) ミカとアミは学校へ出発しました。

Mika and Ami ＿＿＿＿＿＿ ＿＿＿＿＿＿ school.

(7) 家に帰る途中で，私は本を買いました。

On the ＿＿＿＿＿ ＿＿＿＿＿ ＿＿＿＿＿ my house, I bought a book.

4 次の各組の文がほぼ同じ内容を表すように，＿＿に適する語を書きなさい。　5点×3〔15点〕

(1) ⎰ We couldn't finish the work.
　　⎱ We ＿＿＿＿＿ ＿＿＿＿＿ ＿＿＿＿＿ finish the work.

(2) ⎰ Don't swim in this river.
　　⎱ You ＿＿＿＿＿ ＿＿＿＿＿ ＿＿＿＿＿ in this river.

(3) ⎰ Many people in the world know Kiyomizu Temple.
　　⎱ Kiyomizu Temple ＿＿＿＿＿ ＿＿＿＿＿ many people in the world.

5 次の英文を読んで，あとの問いに答えなさい。 〔21点〕

The friendship between the two countries still continues today. ①<u>When a big earthquake hit Turkey in 1999, Japanese people went there to help.</u> In 2011, a big earthquake and *tsunami* hit eastern Japan. ②( ) ( ), Turkish people came to help. ③<u>We can 〔 by / a better world / helping / our borders / other / outside / each / make 〕.</u>

(1) 下線部①を日本語になおしなさい。 〈6点〉
( )

(2) 下線部②が「今度は」という意味になるように，( )に適する語を書きなさい。 〈5点〉
_____ _____

(3) 下線部③が「私たちは国境を越えておたがい助け合うことで，よりよい世界を作ることができます。」という意味になるように，〔 〕内の語句を並べかえなさい。 〈5点〉
We can _____.

(4) 次の問いに対する答えの文の___に適する語を書きなさい。 〈5点〉
What did Turkish people do when a big earthquake and *tsunami* hit eastern Japan?
— They came _____ Japan _____ _____ Japanese people.

6 〔 〕内の語句を並べかえて，日本文にあう英文を書きなさい。 5点×3〔15点〕

(1) この手紙はいつ彼女によって書かれたのですか。
〔 when / written / this / her / was / letter 〕? （1語補う）
_____

(2) 私はその音楽を聞くのをやめました。
〔 stopped / to / I / the music / listening / to 〕. （1語不要）
_____

(3) 私はテレビで野球の試合を見て興奮しました。
〔 on / excited / the baseball game / to / I / watch / was / TV 〕.
_____

7 次の日本文を英語になおしなさい。 6点×3〔18点〕

(1) その村はたくさんの雪でおおわれています。
_____

(2) これらの部屋は日曜日に掃除されますか。
_____

(3) 私はその知らせ(the news)を聞いて興奮しました。
_____

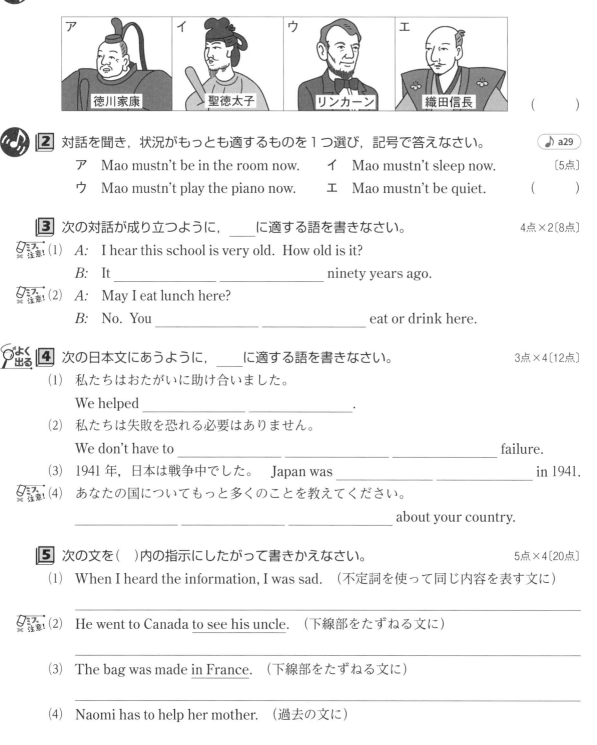

テストに出る！

予想問題

Our Project 5 〜 Reading 2 ❷

こんな人になりたい〜 Friendship beyond Time and Borders

⏱ 30分

/100点

1 英文を聞いて，内容としてもっとも適する絵を1つ選び，記号で答えなさい。 ♪ a28 〔5点〕

ア	イ	ウ	エ
徳川家康	聖徳太子	リンカーン	織田信長

(   )

2 対話を聞き，状況がもっとも適するものを1つ選び，記号で答えなさい。 ♪ a29

ア　Mao mustn't be in the room now.　　イ　Mao mustn't sleep now.　〔5点〕

ウ　Mao mustn't play the piano now.　　エ　Mao mustn't be quiet.　(   )

3 次の対話が成り立つように，____に適する語を書きなさい。 4点×2〔8点〕

ミス注意! (1) *A:* I hear this school is very old. How old is it?

　　B: It _____ _____ ninety years ago.

ミス注意! (2) *A:* May I eat lunch here?

　　B: No. You _____ _____ eat or drink here.

よく出る **4** 次の日本文にあうように，____に適する語を書きなさい。 3点×4〔12点〕

(1) 私たちはおたがいに助け合いました。

　　We helped _____ _____.

(2) 私たちは失敗を恐れる必要はありません。

　　We don't have to _____ _____ _____ failure.

(3) 1941年，日本は戦争中でした。　Japan was _____ _____ in 1941.

ミス注意! (4) あなたの国についてもっと多くのことを教えてください。

　　_____ _____ _____ about your country.

5 次の文を（　）内の指示にしたがって書きかえなさい。 5点×4〔20点〕

(1) When I heard the information, I was sad.　（不定詞を使って同じ内容を表す文に）

_____

ミス注意! (2) He went to Canada to see his uncle.　（下線部をたずねる文に）

_____

(3) The bag was made in France.　（下線部をたずねる文に）

_____

(4) Naomi has to help her mother.　（過去の文に）

_____

6 次の英文を読んで，あとの問いに答えなさい。 〔20点〕

> Almost 130 years ago, a Turkish ship came to Japan on a goodwill mission. However, ①( ) the ( )( )( ) Turkey, the ship met a strong typhoon. It sank (②) the coast of Wakayama, and 587 people died.
>
> People (③) a nearby fishing village rescued 69 survivors. ④They didn't understand Turkish. They didn't have enough food. But ⑤[to / gave / chickens / they / last / the survivors / their]. They also buried the dead respectfully.

(1) 下線部①が「トルコへの帰り道で」という意味になるように，( )に適する語を書きなさい。 ＿＿＿＿＿＿＿＿ the ＿＿＿＿＿＿＿ ＿＿＿＿＿＿＿ ＿＿＿＿＿＿＿ Turkey, 〈4点〉

(2) ②，③の( )内に適する前置詞を書きなさい。 4点×2〈8点〉
  ② ＿＿＿＿＿＿＿＿ ③ ＿＿＿＿＿＿＿＿

(3) 下線部④の英文を日本語になおしなさい。 〈4点〉
  (＿＿＿＿＿＿＿＿＿＿＿＿＿＿＿＿＿＿＿＿＿＿＿＿＿＿＿＿＿)

(4) 下線部の⑤が「彼らは彼らの最後のニワトリを生存者に与えました」という意味になるように，[ ]内の語句を並べかえなさい。 〈4点〉

＿＿＿＿＿＿＿＿＿＿＿＿＿＿＿＿＿＿＿＿＿＿＿＿＿＿＿＿＿＿＿＿＿＿＿＿＿

7 [ ]内の語句を並べかえて，日本文にあう英文を書きなさい。 5点×3〔15点〕

(1) 歴史は勉強するべき重要な科目です。
  [study / subject / is / important / an / history / to].

＿＿＿＿＿＿＿＿＿＿＿＿＿＿＿＿＿＿＿＿＿＿＿＿＿＿＿＿＿＿＿＿＿＿＿＿＿

(2) 私の父は電車に間に合い，幸運でした。
  [was / father / to / my / the train / lucky / catch].

＿＿＿＿＿＿＿＿＿＿＿＿＿＿＿＿＿＿＿＿＿＿＿＿＿＿＿＿＿＿＿＿＿＿＿＿＿

(3) その車はいつあなたのおじさんによって買われましたか。 （下線部を適する形にして）
  [the car / buy / when / your / by / was / uncle]?

＿＿＿＿＿＿＿＿＿＿＿＿＿＿＿＿＿＿＿＿＿＿＿＿＿＿＿＿＿＿＿＿＿＿＿＿＿

8 次のようなとき，英語でどのように言うか( )内の指示に従って書きなさい。5点×3〔15点〕

(1) 自分はその本を読んで興奮したということを伝えるとき。 （不定詞を使って）

＿＿＿＿＿＿＿＿＿＿＿＿＿＿＿＿＿＿＿＿＿＿＿＿＿＿＿＿＿＿＿＿＿＿＿＿＿

(2) スマートフォン(smartphone)を使い続けてはいけないと言うとき。 （you で始めて）

＿＿＿＿＿＿＿＿＿＿＿＿＿＿＿＿＿＿＿＿＿＿＿＿＿＿＿＿＿＿＿＿＿＿＿＿＿

(3) 彼女は有名な歌手として知られていると伝えるとき。 （受け身の文で）

＿＿＿＿＿＿＿＿＿＿＿＿＿＿＿＿＿＿＿＿＿＿＿＿＿＿＿＿＿＿＿＿＿＿＿＿＿

A Gateway to Japan 〜 空港アナウンスを聞こう

現在完了　完了

数 p.89〜p.96

1 肯定文

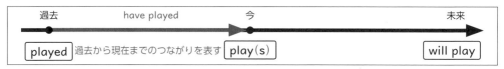

過去のできごとが現在につながっていることを示す形を**現在完了**といい，〈have[has]＋過去分詞〉で表す。このうち，ものごとが現在の時点で完了していることを表す用法を**完了用法**という。

現在完了のイメージ

過去		今	未来
	have played		
played	過去から現在までのつながりを表す	play(s)	will play

★現在完了は過去と現在のつながり方により3つの用法に分けられる。

① 「（過去から始まった事がらがちょうど）〜したところだ」「（すでに）〜してしまった」…**完了**

② 「（過去から現在までの間に）〜したことがある」…**経験**

③ 「（過去のある時点から現在までずっと）〜している」…**継続**

肯定文 〈have＋過去分詞〉
I've already read the book.　私はすでにその本を読みました。
I have の短縮形　「すでに」。have[has]と過去分詞の間に置く

Tomo has just finished her homework.　トモはちょうど宿題を終えたところです。
主語が三人称単数のとき　「ちょうど」。have[has]と過去分詞の間に置く

2 否定文

「まだ〜していません」と言うときは〈have[has] not＋過去分詞〉で表す。

否定文 I haven't finished my homework yet.　私はまだ宿題を終えていません。
have not の短縮形　「まだ」。文末に置く

3 疑問文

「もう〜しましたか」とある事がらが完了したかどうかをたずねるときは〈Have[Has]＋主語＋過去分詞〜?〉で表す。

疑問文 Have you read the book yet?　あなたはもうその本を読みましたか。
主語の前に置く　「もう」。文末に置く

— Yes, I have. / No, I haven't.　— はい，読みました。／
have を使って答える　いいえ，読んでいません。

完了用法でよく使われる語句
just(ちょうど)　already(すでに)　yet(まだ[否定文]・もう[疑問文])

現在完了　経験

教 p.89〜p.96

4 肯定文

➡★(4)

現在完了を使って，「(今までに)〜したことがある」と現在までに経験したことの回数や頻度などを表すことができる(経験用法)。

肯定文 I've climbed Mt. Fuji twice .　　　　私は2回富士山に登ったことがあります。
「2回」。文末に置く◀

Ken has visited Osaka before .　　　　ケンは以前に大阪を訪れたことがあります。
▶「以前に」。文末に置く

・経験用法でよく使われる語句・
before(以前に)　once(1回)　twice(2回)　〜times(〜回)

5 否定文

➡★(5)

「一度も〜したことがない」と言うときは have[has] のあとに never を置く。

否定文 I've never climbed Mt. Fuji.　　　　私は一度も富士山に登ったことがありません。
「一度も〜ない」。have[has]のあとに置く

Ken has never visited Osaka.　　　　ケンは一度も大阪を訪れたことがありません。

6 疑問文

➡★(6)

「〜したことがありますか」と経験をたずねるときは，過去分詞の前に ever を置き，〈Have[Has] +主語+(ever)+過去分詞〜?〉の形で表すことが多い。

疑問文 Have you ever climbed Mt. Fuji?　　　あなたはこれまでに富士山に登ったことがありますか。
主語の前に置く◀　　　▶「これまでに」。過去分詞の前に置く

　　— Yes, I have . / No, I haven't .　　　— はい，あります。 / いいえ，ありません。
Has Ken ever visited Osaka?　　　ケンはこれまでに大阪を訪れたことがありますか。
　　— Yes, he has . / No, he hasn't .　　— はい，あります。 / いいえ，ありません。
▶has not の短縮形

7 have[has] been to 〜

➡★(6)

「〜に行ったことがある」と言うときは have[has] been to 〜 で表す。

I've been to Australia three times.　　　私はオーストラリアに3回行ったことがあります。
▶ふつう go の過去分詞ではなく been to 〜を使う

☆チェック!　日本文にあうように，(　)内から適する語句を選びなさい。

1 □ (1) I (learned / have just learned) about it.　　私はそれについてちょうど学んだところです。

2 □ (2) She (haven't / hasn't) finished running yet.　　彼女はまだ走り終えていません。

3 □ (3) Have you bought a new bike (already / yet)?　　あなたはもう新しい自転車を買いましたか。

4 □ (4) I have seen him (once / before).　　私は彼に1回会ったことがあります。

5 □ (5) Ken has (ever / never) read the book.　　ケンはその本を一度も読んだことがありません。

6 □ (6) Has Mio ever (been / been to) Gifu?　　ミオはこれまでに岐阜に行ったことがありますか。

7 　　— No, she (haven't / hasn't).　　— いいえ，ありません。

テスト対策問題

テスト対策☀ナビ

🎵 リスニング

♪ a30

1 対話を聞いて，その内容として適する絵を1つ選び，記号で答えなさい。

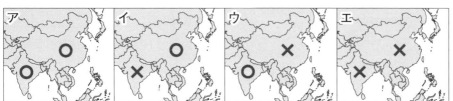

○…行ったことがある
×…行ったことがない

（　　　）

2 (1)〜(6)は単語の意味を書き，(7)〜(10)は日本語を英語にしなさい。

(1) word　（　　　　　　）
(2) gateway　（　　　　　　）
(3) attract　（　　　　　　）
(4) passenger（　　　　　　）
(5) Europe　（　　　　　　）
(6) similar　（　　　　　　）
(7) do の過去分詞　＿＿＿＿＿＿
(8) take の過去分詞　＿＿＿＿＿＿
(9) eat の過去分詞　＿＿＿＿＿＿
(10) 外国の　＿＿＿＿＿＿

2 重要単語
取り上げている単語以外にも新出の過去分詞が多くあるので，しっかり覚えよう。

よく出る **3** 次の日本文にあうように，＿＿に適する語を書きなさい。

(1) 子どもは日ごとに成長しています。
Children are growing ＿＿＿＿ ＿＿＿＿ ＿＿＿＿.

(2) 私たちは8時から10時の間にそこへ行かなければなりません。
We have to go there ＿＿＿＿ eight ＿＿＿＿ ten.

(3) 紙を1枚ください。
Give me ＿＿＿＿ ＿＿＿＿ ＿＿＿＿ paper.

(4) 彼らは雨のため走りませんでした。　（d で始まる単語を使う）
They didn't run ＿＿＿＿ ＿＿＿＿ rain.

3 重要表現
(1)「1つずつ」「少しずつ」なども同じ〈名詞＋前置詞＋名詞〉の形で表せる。
(2)「〜と…の間に」。
〜と…には名詞が入る。
(4)似た意味を表す語句は because of 〜。

4 次の文を（　）内の語を使って現在完了の文に書きかえなさい。
また，できた英文を日本語になおしなさい。

(1) We had lunch.　（already）
＿＿＿＿＿＿＿＿＿＿＿＿＿＿＿＿＿＿＿＿＿
（　　　　　　　　　　　　　　　　　　　　　）

ミス注意！ (2) The bus started.　（just）
＿＿＿＿＿＿＿＿＿＿＿＿＿＿＿＿＿＿＿＿＿
（　　　　　　　　　　　　　　　　　　　　　）

(3) I listened to this CD.　（already）
＿＿＿＿＿＿＿＿＿＿＿＿＿＿＿＿＿＿＿＿＿
（　　　　　　　　　　　　　　　　　　　　　）

4 現在完了（完了）の肯定文

おぼえよう！
「完了」を表す文でよく使われる語句
just（ちょうど）
already（すでに）
どちらも have[has]と過去分詞の間に置く。

(1)不規則動詞。過去分詞の形に注意。
(2)主語が三人称単数の場合は〈has＋過去分詞〉。

p.55 答 (1) have just learned　(2) hasn't　(3) yet　(4) once　(5) never　(6) been to / hasn't

5 次の対話文を読んで，あとの問いに答えなさい。

> *Mao:*　I'm going to do my homework for the speech after I get home.
> 　　　①Have you done it yet?
> *Daniel:*　I started it yesterday, but ②(私はまだそれを終えていません).
> *Mao:*　(　③　) are you writing about?
> *Daniel:*　About *Captain Tsubasa*. My uncle recommended it.

(1)　下線部①を it の内容を明らかにして日本語になおしなさい。
　　(　　　　　　　　　　　　　　　　　　　　　　　　　　　　　)

(2)　次の英文が下線部②の意味になるように，＿＿に適する語を書きなさい。
　　I ＿＿＿＿＿＿＿ ＿＿＿＿＿＿＿ it ＿＿＿＿＿＿.

(3)　③の(　)にあてはまる語を書きなさい。　＿＿＿＿＿＿＿

6　〔　〕内の語句を並べかえて，日本文にあう英文を書きなさい。

(1)　リナはもうピアノの練習をしましたか。
　　〔 the piano / has / Rina / practiced / yet 〕?
　　＿＿＿＿＿＿＿＿＿＿＿＿＿＿＿＿＿＿＿＿＿＿＿＿＿＿

(2)　私はまだ部屋の掃除をしていません。
　　〔 haven't / yet / I / the room / cleaned 〕.
　　＿＿＿＿＿＿＿＿＿＿＿＿＿＿＿＿＿＿＿＿＿＿＿＿＿＿

7　次の文を(　)内の指示にしたがって書きかえなさい。

(1)　I made a cake. （「2 回作ったことがある」の文に）
　　＿＿＿＿＿＿＿＿＿＿＿＿＿＿＿＿＿＿＿＿＿＿＿＿＿＿

(2)　Rumi has played the piano.（「一度も〜したことがない」の文に）
　　＿＿＿＿＿＿＿＿＿＿＿＿＿＿＿＿＿＿＿＿＿＿＿＿＿＿

(3)　He has heard the story.（ever を使った疑問文にし，Yes で答える文も）
　　＿＿＿＿＿＿＿＿＿＿＿＿＿＿＿＿＿＿＿＿＿＿＿＿＿＿
　　—＿＿＿＿＿＿＿＿＿＿＿＿＿＿＿＿＿＿＿＿＿＿＿＿＿＿

(4)　We went to Ueno Zoo. （「1 回行ったことがある」の文に）
　　＿＿＿＿＿＿＿＿＿＿＿＿＿＿＿＿＿＿＿＿＿＿＿＿＿＿

8　次の日本文を英語になおしなさい。

(1)　ケビン(Kevin)は 3 回京都を訪れたことがあります。
　　＿＿＿＿＿＿＿＿＿＿＿＿＿＿＿＿＿＿＿＿＿＿＿＿＿＿

(2)　あなたはもう宿題をしましたか。
　　＿＿＿＿＿＿＿＿＿＿＿＿＿＿＿＿＿＿＿＿＿＿＿＿＿＿

5　本文の理解

(1) yet は否定文と疑問文で意味が異なる。

(2) 現在完了の否定文。空所の数より，短縮形を使うことがわかる。

6　現在完了(完了)の否定文・疑問文

ミス注意！
「完了」を表す文での yet の意味
否定文：まだ
疑問文：もう
どちらも文末に置く。

7　現在完了(経験)

(1) 回数を表す語句は文末に置く。

(2) never を使う。

(3) 現在完了の疑問文は have[has] で始め，答えるときも have[has] で答える。

(4) 「〜に行ったことがある」は have[has] been to 〜で表す。

8　英作文

(1) 「3 回」以上は〜times。文末に置く。

(2) 「もう」を表す語を文末に置く。

テストに出る！ 予想問題

PROGRAM 7 〜 Power-Up 4
A Gateway to Japan 〜 空港アナウンスを聞こう

🕐 30分
/100点

🎵 **1** 対話を聞いて，内容にあう絵を1つ選び，記号で答えなさい。　♪ a31　〔5点〕

ア　イ　ウ　エ

（　　　）

🎵 **2** 対話と質問を聞いて，その答えとして適するものを1つ選び，記号で答えなさい。♪ a32

ア　She has been there twice.　　イ　She knows how to get there.　〔5点〕
ウ　She has never been there.　　エ　She wants to go there.　（　　　）

3 次の日本文にあうように，＿＿に適する語を書きなさい。　3点×3〔9点〕

(1) その電車は悪天候のせいで，運休になりました。　（d で始まる単語を使って）
The train was cancelled ＿＿＿＿＿＿ ＿＿＿＿＿＿ bad weather.

よく出る (2) あなたはもうそれを試しましたか。　― まだです。
Have you tried it yet? ― ＿＿＿＿＿＿ ＿＿＿＿＿＿.

(3) 日本のマンガは世界じゅうで人気があります。
Japanese *manga* is popular ＿＿＿＿＿＿ ＿＿＿＿＿＿ ＿＿＿＿＿＿.

4 次の文を（　）内の指示にしたがって書きかえなさい。　5点×3〔15点〕

(1) I wrote a letter in English. 　（「一度も〜したことがない」という文に）

＿＿＿＿＿＿＿＿＿＿＿＿＿＿＿＿＿＿＿＿＿＿＿＿＿

やや難 (2) Junichi has already sent a present. 　（「もう〜しましたか」という文に）

＿＿＿＿＿＿＿＿＿＿＿＿＿＿＿＿＿＿＿＿＿＿＿＿＿

(3) She has climbed Mt. Fuji <u>four times</u>. 　（下線部をたずねる疑問文に）

＿＿＿＿＿＿＿＿＿＿＿＿＿＿＿＿＿＿＿＿＿＿＿＿＿

5 次の対話が成り立つように，＿＿に適する語を書きなさい。　4点×3〔12点〕

(1) *A:* ＿＿＿＿＿＿ your sister got home yet?
B: No, ＿＿＿＿＿＿ ＿＿＿＿＿＿.

ミス注意！ (2) *A:* ＿＿＿＿＿＿ you ＿＿＿＿＿＿ read the book?
B: No. I've ＿＿＿＿＿＿ ＿＿＿＿＿＿ it.

(3) *A:* ＿＿＿＿＿＿ you taken a bath ＿＿＿＿＿＿?
B: Yes, I ＿＿＿＿＿＿. ＿＿＿＿＿＿ already taken it.

6 次の英文を読んで，あとの問いに答えなさい。 〔19点〕

> ①I've read a book about art history before. There was a similar situation about 150 years ago. ②(　　　　)(　　　　)(　　　　), *ukiyo-e* was pop culture like *manga*. It became very popular in Europe. ③〔 of / you / heard / Monet / and / ever / van Gogh / have 〕? They were greatly ④(influence) by *ukiyo-e*.

(1) 下線部①を日本語になおしなさい。 〈5点〉

(　　　　　　　　　　　　　　　　　　　　　　　　　　　　　　　　　　　)

(2) 下線部②が「当時」という意味になるように，(　)に適する語を書きなさい。 〈5点〉

＿＿＿＿＿＿＿ ＿＿＿＿＿＿＿ ＿＿＿＿＿＿＿,

(3) 下線部③が「あなたがたはこれまでにモネやファン・ゴッホのことを聞いたことがありますか。」という意味になるように，〔　〕内の語句を並べかえなさい。 〈5点〉

＿＿＿＿＿＿＿＿＿＿＿＿＿＿＿＿＿＿＿＿＿＿＿＿＿＿＿＿＿＿＿＿＿＿＿＿＿

(4) ④の(　)内の語を適する形にしなさい。 ＿＿＿＿＿＿＿＿ 〈4点〉

7 〔　〕内の語句を並べかえて，日本文にあう英文を書きなさい。 5点×4〔20点〕

(1) あなたはこれまでにその動物を見たことがありますか。

〔 you / see / have / the animal / ever 〕?　（下線部の語を適する形にして）

＿＿＿＿＿＿＿＿＿＿＿＿＿＿＿＿＿＿＿＿＿＿＿＿＿＿＿＿＿＿＿＿＿＿＿＿＿

(2) ミキは一度もフランス語を習ったことがありません。

〔 never / Miki / not / learned / French / has 〕.　（1語不要）

＿＿＿＿＿＿＿＿＿＿＿＿＿＿＿＿＿＿＿＿＿＿＿＿＿＿＿＿＿＿＿＿＿＿＿＿＿

(3) その電車はちょうど駅に着いたところです。

〔 just / the station / the train / arrived / has / at 〕.

＿＿＿＿＿＿＿＿＿＿＿＿＿＿＿＿＿＿＿＿＿＿＿＿＿＿＿＿＿＿＿＿＿＿＿＿＿

(4) 彼女はもうそれらの皿を洗いましたか。

〔 yet / she / washed / dishes / those / already / has 〕?　（1語不要）

＿＿＿＿＿＿＿＿＿＿＿＿＿＿＿＿＿＿＿＿＿＿＿＿＿＿＿＿＿＿＿＿＿＿＿＿＿

8 次の日本文を英語になおしなさい。 5点×3〔15点〕

(1) 彼女は一度も長崎に行ったことがありません。　（6語で）

＿＿＿＿＿＿＿＿＿＿＿＿＿＿＿＿＿＿＿＿＿＿＿＿＿＿＿＿＿＿＿＿＿＿＿＿＿

(2) 私はすでにダニエル(Daniel)への手紙(a letter)を書きました。

＿＿＿＿＿＿＿＿＿＿＿＿＿＿＿＿＿＿＿＿＿＿＿＿＿＿＿＿＿＿＿＿＿＿＿＿＿

(3) 私は以前にそのホテルに泊まったことがあります。　（6語で）

＿＿＿＿＿＿＿＿＿＿＿＿＿＿＿＿＿＿＿＿＿＿＿＿＿＿＿＿＿＿＿＿＿＿＿＿＿

A Hope for Lasting Peace 〜メールで近況報告をしよう

テストに出る！ **ココが要点＆チェック！**

現在完了　継続

教 p.99〜p.109

1 肯定文

→★(1)

現在完了を使って「（ずっと）〜している」「（ずっと）〜である」と過去のあるときから始まった
状態が現在まで続いていることを表すことができる。**（継続用法）**

| 過去 | I lived in Nagoya for five years. | 私は5年間名古屋に住んでいました。 |

→（今は住んでいない）

〈have＋過去分詞〉の形

| 現在完了 | I've lived in Nagoya for five years. | 私は5年間ずっと名古屋に住んでいます。 |

「〜の間」

→（今も住んでいる）

主語が三人称単数〈has＋過去分詞〉

Ms. Green **has been** busy **since** last month.

be 動詞の過去分詞　　　　　「〜以来（から）」グリーンさんは先月からずっと忙しいです。

Nao **has been** kind **since** she was a child.

since のあとには〈主語＋動詞〉の文を置くこともできる　　　　ナオは子どものころからずっと親切です。

┌─ 継続用法でよく使われる語句 ─┐

for（〜の間）：期間を表す　　for a long time（長い間）　for an hour（1時間）　など
since（〜以来）：起点を表す　since this morning（今朝から）　since last week（先週から）　など

2 否定文

→★(2)

継続用法の否定文は「（ずっと）〜していません」の意味を表す。

| 否定文 | I **haven't lived** in Nagoya **for** five years. |

have not の短縮形

私は5年間ずっと名古屋に住んでいません。

Ms. Green **hasn't been** busy **since** last month.

has not の短縮形

グリーンさんは先月からずっと忙しくありません。

3 疑問文

→★(3)

継続用法の疑問文は「（ずっと）〜していますか」の意味を表す。

| 疑問文 | **Have** you **lived** in Nagoya **for** five years? |

主語の前に置く

あなたは5年間ずっと名古屋に住んでいますか。

— Yes, I **have**. / No, I **haven't**.

have を使って答える

— はい，住んでいます。 /
いいえ，住んでいません。

Has Ms. Green **been** busy **since** last month?

グリーンさんは先月からずっと忙しいですか。

— Yes, she **has**. / No, she **hasn't**.

has を使って答える

— はい，忙しいです。 /
いいえ，忙しくありません。

④ 期間をたずねる文 ➡★(4)

「どれくらいの間～ですか」と期間をたずねるときは How long を文頭に置き，〈have[has]＋主語＋過去分詞～?〉の疑問文を続ける。答えるときは yes，no ではなく具体的に答える。

〈have[has]＋主語＋過去分詞～?〉の形

How long have you known Masa?　　あなたはどれくらいの間マサを知っていますか。

「どれくらいの間」，文頭

— For ten years. ／ Since 2010.　　10 年間です。 ／ 2010 年からです。

期間を答えても，起点を答えてもよい

現在完了進行形

⑤ 現在完了進行形 ➡★(5)

過去に始まった動作が現在まで続いていることを表すときは現在完了進行形〈have[has]＋been＋動詞の -ing 形〉を使用することが多い。

現在完了 →過去に始まった状態が現在まで続いているとき

I've known Masa since ten years ago.　　私は 10 年前からずっとマサを知っています。

「知っている」
状態を表す動詞

━ 状態を表す動詞の例 ━

know(知っている)　like(好きである)　want(ほしい)
have(持っている，～がある[いる])など。　※ have は「食べる」の意味では動作を表す動詞。

現在完了進行形 →過去に始まった動作が現在まで続いているとき

〈have[has]＋been＋-ing〉の形

We've been waiting for half an hour.　　私たちは 30 分間ずっと待っています。

「待つ」…動作を表す動詞

My brother has been cleaning his room since this morning.

「掃除をする」…動作を表す動詞

私の兄は今朝からずっと自分の部屋を掃除しています。

How long have you been running here?

「走る」…動作を表す動詞

あなたはどのくらいの間ここで走っているのですか。

☆チェック!　（　）に適する語を下の語群から選びなさい。同じものを何度選んでもよい。

1 □ (1) I have lived in Tokyo (　　　　) 2015.　　私は 2015 年からずっと東京に住んでいます。

2 □ (2) She hasn't had a computer (　　　　) ten years.

彼女は 10 年間ずっとコンピュータを持っていません。

3 □ (3) (　　　　) you been busy since last week?　　あなたは先週からずっと忙しいのですか。

4 □ (4) (　　　　) (　　　　) has she stayed here?　　彼女はどのくらいの間ここに滞在していますか。

— (　　　　) two months.　　— 2 か月間です。

5 □ (5) They have (　　　　) watching TV for two hours.　　彼らは 2 時間ずっとテレビを見ています。

〔語群　been　for　how　since　long　have 〕

テスト対策問題

テスト対策★ナビ

♪ リスニング

♪ a33

1 英文を聞いて，その場面として適するものを１つ選び，記号で答えなさい。

ア　イ　ウ　エ　（　　）

2 (1)～(6)は単語の意味を書き，(7)～(10)は日本語を英語にしなさい。

(1)　souvenir　（　　　　　　）　(2)　half　（　　　　　　）

(3)　recycle　（　　　　　　）　(4)　bomb　（　　　　　　）

(5)　specialty　（　　　　　　）　(6)　environment（　　　　　　）

(7)　forget の過去形　＿＿＿＿＿＿　(8)　受けとる　＿＿＿＿＿＿

(9)　髪　＿＿＿＿＿＿＿　(10)　同意する　＿＿＿＿＿＿

2　重要単語
(3)動詞。形容詞は recycled。
(4)発音に注意。語尾のbは読まない文字（黙字）。

3 次の日本文にあうように，＿＿に適する語を書きなさい。

(1)　私は辞書をさがしています。

I'm ＿＿＿＿＿＿ ＿＿＿＿＿＿ my dictionary.

(2)　見てください。このかばんはとてもかわいいです。

＿＿＿＿＿＿ a ＿＿＿＿＿＿. This bag is very cute.

(3)　私は魚が好きではありません。— 私もです。

I don't like fish. — ＿＿＿＿＿＿ ＿＿＿＿＿＿.

(4)　お元気でしたか。　＿＿＿＿＿＿ ＿＿＿＿＿＿ you been?

3　重要表現
(1)現在進行形の文。
(3)この場合「私も魚が好きではありません。」の意味。
(4)「今までどのように過ごしていましたか。」と考える。久しぶりに会う相手に使う近況をたずねる表現。

4 次の文を（　）内の語句を使って現在完了の文に書きかえなさい。また，できた英文を日本語になおしなさい。

(1)　My father is busy.　(since yesterday)

＿＿＿＿＿＿＿＿＿＿＿＿＿＿＿＿＿＿＿＿＿＿

（　　　　　　　　　　　　　　　　　　　　　　）

(2)　I don't live near the sea.　(for five years)

＿＿＿＿＿＿＿＿＿＿＿＿＿＿＿＿＿＿＿＿＿＿

（　　　　　　　　　　　　　　　　　　　　　　）

(3)　We know each other.　(since we were children)

＿＿＿＿＿＿＿＿＿＿＿＿＿＿＿＿＿＿＿＿＿＿

（　　　　　　　　　　　　　　　　　　　　　　）

4　現在完了（継続）肯定文・否定文

ミス注意！
since と for の使い分け
since
「～以来」。状態・動作の起点を表す。
for
「～の間」。継続している期間を表す。

(1)be 動詞を過去分詞にする。
(3)sinceのあとには〈主語＋動詞〉の文を置くこともできる。

p.61 答　(1) since　(2) for　(3) Have　(4) How long / For　(5) been

5 次の英文を読んで，あとの問いに答えなさい。

①The monument receives about 10 million paper cranes every year. But every year those cranes are ②(burn)．It costs too much and it's not good for the environment． ③(人々は長い間この問題について考え続けています。)

(1) 下線部①を日本語になおしなさい。

(　　　　　　　　　　　　　　　　　　　　　　　　　　)

(2) ②の(　)内の語を適する形にしなさい。　＿＿＿＿＿＿

(3) 次の英文が下線部③の意味になるように，＿＿に適する語を書きなさい。

People ＿＿＿＿＿＿ ＿＿＿＿＿＿ ＿＿＿＿＿＿ about the problem ＿＿＿＿＿ a ＿＿＿＿＿ ＿＿＿＿＿.

6 〔　〕内の語句を並べかえて日本文にあう英文を書きなさい。

(1) カズキは 2000 年からずっと医師なのですか。

〔 been / Kazuki / 2000 / a doctor / has / since 〕？

＿＿＿＿＿＿＿＿＿＿＿＿＿＿＿＿＿＿＿＿＿＿＿＿＿＿

(2) あなたはどのくらいの期間その自転車を使っているのですか。

〔 long / you / used / the bike / have / how 〕？

＿＿＿＿＿＿＿＿＿＿＿＿＿＿＿＿＿＿＿＿＿＿＿＿＿＿

7 次の文を(　)内の語句を加えて，現在完了進行形の文に書きかえなさい。

(1) I make a cake.　(for three hours)

＿＿＿＿＿＿＿＿＿＿＿＿＿＿＿＿＿＿＿＿＿＿＿＿＿＿

(2) Mary practices the piano.　(since 2 o'clock)

＿＿＿＿＿＿＿＿＿＿＿＿＿＿＿＿＿＿＿＿＿＿＿＿＿＿

(3) They talk in front of the shop.　(for an hour)

＿＿＿＿＿＿＿＿＿＿＿＿＿＿＿＿＿＿＿＿＿＿＿＿＿＿

(4) Does Kento play soccer?　(since this afternoon)

＿＿＿＿＿＿＿＿＿＿＿＿＿＿＿＿＿＿＿＿＿＿＿＿＿＿

8 次の日本文を英語になおしなさい。

(1) 彼は今朝からずっと働いています。

＿＿＿＿＿＿＿＿＿＿＿＿＿＿＿＿＿＿＿＿＿＿＿＿＿＿

(2) あなたはどのくらいの期間その車を所有しているのですか。

＿＿＿＿＿＿＿＿＿＿＿＿＿＿＿＿＿＿＿＿＿＿＿＿＿＿

---

5 本文の理解

(1) million は「100 万」。では 10 million は？
(3)過去から現在までずっとある動作をし続けている場合は現在完了進行形で表す。

6 現在完了(継続)の疑問文・期間をたずねる文

(2)期間をたずねる文は〈How long have[has]＋主語＋過去分詞～?〉の形で表す。

7 現在完了進行形

ポイント

ある動作を過去から現在まで継続して行っているときは〈have[has]＋been＋動詞の -ing 形〉で表す。

(2)主語は三人称単数なので，〈has been＋動詞の -ing 形〉にする。

8 英作文

(1)現在完了進行形の文。
(2)「所有する」は「持つ」。状態を表す語なので現在完了の継続用法で表す。

テストに出る！
予想問題

PROGRAM 8 〜 Power-Up 5
A Hope for Lasting Peace 〜メールで近況報告をしよう

⏱ 30分

/100点

1 対話と質問を聞いて，内容にあう絵を1つ選び，記号で答えなさい。　♪ a34　〔5点〕

（　　　）

2 対話と質問を聞いて，その答えとして適するものを1つ選び，記号で答えなさい。♪ a35

ア　For five years.　　　　　　イ　Since he was a child.　　〔5点〕

ウ　He has never seen Makoto.　エ　He has known Lisa too.　（　　　）

3 次の日本文にあうように，＿＿に適する語を書きなさい。　　　　3点×3〔9点〕

(1) あなたの体調が早くよくなりますように。

I hope you will ＿＿＿＿＿＿＿＿ ＿＿＿＿＿＿＿ soon.

(2) 私の祖母は80歳で亡くなりました。

My grandmother ＿＿＿＿＿＿＿ ＿＿＿＿＿＿＿ at the age of 80.

(3) 私は昨日風邪をひきました。

I ＿＿＿＿＿＿＿ a ＿＿＿＿＿＿＿ yesterday.

4 次の各組の文がほぼ同じ内容を表すように，＿＿に適する語を書きなさい。　5点×3〔15点〕

(1) ┌ Bob began to swim two hours ago, and he is still swimming.
　　└ Bob ＿＿＿＿＿＿＿ ＿＿＿＿＿＿＿ ＿＿＿＿＿＿＿ two hours.

(2) ┌ We came to Fukuoka in 2015, and we still live here.
　　└ We ＿＿＿＿＿＿ ＿＿＿＿＿＿ ＿＿＿＿＿＿ Fukuoka ＿＿＿＿＿＿ 2015.

やや難 (3) ┌ We have had sunny days for a week.
　　　　└ It ＿＿＿＿＿＿ ＿＿＿＿＿＿ ＿＿＿＿＿＿ ＿＿＿＿＿＿ a week.

5 次の文を（　）内の指示にしたがって書きかえなさい。　　　　6点×3〔18点〕

(1) He has liked the song since he was ten. （疑問文に）

＿＿＿＿＿＿＿＿＿＿＿＿＿＿＿＿＿＿＿＿＿＿＿＿＿＿＿＿＿＿＿

(2) Ryo has wanted a new guitar since last year. （下線部が答えとなる疑問文に）

＿＿＿＿＿＿＿＿＿＿＿＿＿＿＿＿＿＿＿＿＿＿＿＿＿＿＿＿＿＿＿

ミス注意! (3) She listens to music. （for half an hour を加えた文に）

＿＿＿＿＿＿＿＿＿＿＿＿＿＿＿＿＿＿＿＿＿＿＿＿＿＿＿＿＿＿＿

6 次の対話文を読んで，あとの問いに答えなさい。 〔18点〕

> *Daniel:* This is our last day in Hiroshima.
> *Mao:* Yes. We've ①(be) here for three days. ②[of / already / a / we've / lot / things / learned].
> *Daniel:* (③). I was moved by the Hiroshima Peace Memorial Park.
> *Mao:* ④So was I. I bought a souvenir. Take a look.
> *Daniel:* It looks like soap. Oh, it's paper clay.

(1) ①の（ ）内の語を適する形にしなさい。＿＿＿＿＿＿＿ 〈3点〉

(2) 下線部②が「私たちはすでにたくさんのことを学びました。」という意味になるように，〔 〕内の語句を並べかえなさい。 〈5点〉

＿＿＿＿＿＿＿＿＿＿＿＿＿＿＿＿＿＿＿＿＿

(3) ③が「まったくそのとおり。」という意味になるように＿＿に適する1語を書きなさい。

〈5点〉

＿＿＿＿＿＿＿＿

(4) 下線部④を具体的な内容を明らかにして日本語になおしなさい。 〈5点〉

（   ）

7 〔 〕内の語句を並べかえて，日本文にあう英文を書きなさい。 5点×4〔20点〕

(1) 私には2か月間，リナから便りがありません。 （下線部の語を適する形にして）
〔 Rina / hear / for / haven't / two / I / from / months 〕.

＿＿＿＿＿＿＿＿＿＿＿＿＿＿＿＿＿＿＿＿＿

(2) あなたはどれくらいの間あの会社で働いているのですか。 （1語補う）
〔 you / have / that / how / worked / company / at 〕?

＿＿＿＿＿＿＿＿＿＿＿＿＿＿＿＿＿＿＿＿＿

(3) 私の妹は今朝からずっと絵を描いています。 （下線部の語を適する形にして）
〔 my sister / morning / since / draw / a picture / this / has / been 〕.

＿＿＿＿＿＿＿＿＿＿＿＿＿＿＿＿＿＿＿＿＿

(4) あなたは5時間ずっとテレビを見ていますか。
〔 you / for / watching / hours / have / five / TV / been 〕?

＿＿＿＿＿＿＿＿＿＿＿＿＿＿＿＿＿＿＿＿＿

8 次のようなとき，英語でどう言うか書きなさい。 5点×2〔10点〕

(1) 自分は先月からずっとユミ（Yumi）に会っていないと言うとき。（see を適する形にして）

＿＿＿＿＿＿＿＿＿＿＿＿＿＿＿＿＿＿＿＿＿

(2) 相手にどれくらいの間そこに座っているかたずねるとき。

＿＿＿＿＿＿＿＿＿＿＿＿＿＿＿＿＿＿＿＿＿

この1年で得た「宝もの」〜 Visas of Hope

テストに出る！ ココ が 要点 & チェック！

受け身の文（復習）
教 p.114〜p.117

1 受け身の文
➡☆(1)(2)(3)

「〜され（てい）る[た]」は〈be 動詞＋過去分詞〉で表す。be 動詞は主語と時制にあわせてかえる。

〈be 動詞＋過去分詞〉
I **was touched** by your performance.　　　　私はあなたの演技に感動させられました。
「〜によって」…動作を行った人やものが明確なときに置く

動名詞（復習）
教 p.114〜p.117

2 主語になる動名詞
➡☆(4)(5)

「〜すること」を意味する**動名詞**（動詞の -ing 形）は，主語，補語，動詞や前置詞の目的語になる。

文全体の主語
Practicing every day is important.　　　　毎日練習することが重要です。
= To practice（不定詞で表すことも可能）

道案内
教 p.118〜p.119

3 道案内の表現
➡☆(6)

道のたずね方，答え方は複数ある。それぞれの表現を使えるようにしよう。

たずね方　**How** can I **get to** the bank?　　　　銀行へ行くにはどうすればよいですか。
「どのようにして」　「〜へ着く」

答え方　**Turn** right[left] **at** the first corner.　　　　最初の角を右[左]に曲がってください。
命令文の形　　　ある一地点を表すときは前置詞 at を使う

- -

☆チェック！　日本文にあうように，（　）内から適する語句を選びなさい。

1
- [ ] (1) That library (is built / was built) in 1990.　　　あの図書館は 1990 年に建てられました。
- [ ] (2) The movie is known (by / to) many people.　　　その映画は多くの人に知られています。
- [ ] (3) Is this room (use / used) every day?　　　この部屋は毎日使われていますか。

2
- [ ] (4) (Write / Writing) a letter in English is difficult.　　　英語で手紙を書くことは難しいです。
- [ ] (5) (Is / Are) playing soccer fun?　　　サッカーをすることはおもしろいですか。
　　　— Yes, (it is / they are).　　　— はい，おもしろいです。

3
- [ ] (6) (How / What) can I get to the post office?　　　郵便局へ行くにはどうすればよいですか。
　　　— Turn right (at / on) the second corner.　　　2つ目の角を右に曲がってください。

テスト対策問題

1 (1)〜(6)は単語の意味を書き，(7)〜(10)は日本語を英語にしなさい。

(1) prize 　（　　　　　）　(2) government（　　　　　）

(3) permission（　　　　　）　(4) condition （　　　　　）

(5) sore 　（　　　　　）　(6) satisfy 　（　　　　　）

(7) 到着する ＿＿＿＿＿＿＿　(8) 従う 　＿＿＿＿＿＿＿

(9) life の複数形 ＿＿＿＿＿＿　(10) write の過去形 ＿＿＿＿＿＿

2 次の日本文にあうように，＿＿＿に適する語を書きなさい。

(1) それはかんたんそうに見えますが，実際は，難しいです。

It looks easy, but ＿＿＿＿＿＿ ＿＿＿＿＿＿, it is difficult.

(2) 彼らは休憩を求めました。

They ＿＿＿＿＿＿ ＿＿＿＿＿＿ a break.

(3) 私は医者になろうと決心しました。

I made ＿＿＿＿＿＿ ＿＿＿＿＿＿ ＿＿＿＿＿＿ to

become a doctor.

3 次の文を受け身の文に書きかえなさい。

(1) She used the car yesterday.

＿＿＿＿＿＿＿＿＿＿＿＿＿＿＿＿＿＿＿＿

(2) Many children know the story.

＿＿＿＿＿＿＿＿＿＿＿＿＿＿＿＿＿＿＿＿

(3) Did Ken eat these cookies?

＿＿＿＿＿＿＿＿＿＿＿＿＿＿＿＿＿＿＿＿

4 〔　〕内の語句を並べかえて，日本文にあう英文を書きなさい。

(1) 彼女にとって数学を勉強することはとても楽しいです。

〔 for / a lot of / studying / is / her / fun / math 〕.

＿＿＿＿＿＿＿＿＿＿＿＿＿＿＿＿＿＿＿＿

(2) その少女は泣きやみませんでした。

〔 stop / the girl / crying / didn't 〕.

＿＿＿＿＿＿＿＿＿＿＿＿＿＿＿＿＿＿＿＿

5 次の対話が成り立つように，＿＿＿に適する語を書きなさい。

A: ＿＿＿＿＿＿ you tell me the ＿＿＿＿＿＿ to the bus stop?

B: Go straight, and you can see it ＿＿＿＿＿＿ your left.

p.66 答 (1) was built (2) to (3) used (4) Writing (5) Is / it is (6) How / at

テスト対策 ナビ

1 重要単語

(9)意味は「生命」。
live（住む）の三人称・
単数・現在形と同じ形
になるので混同しない
ように注意する。

2 重要表現

(2) break に a がつい
ているので，ここでは
名詞の「休憩」の意味。
(3)所有格の部分は主語
にあわせてかえる。
「決心する」は1語で
は decide。

3 受け身の文

ポイント

・受け身の文は〈be 動
詞＋過去分詞〉の形
で表す。
・動作の行為者を示す
ときは〈be 動詞＋過
去分詞〉のあとに by
...を置く。
・「〜に知られている」
は by を使わず be
known to 〜で表す。

4 主語になる動名詞

ミス注意！

・主語となる動名詞は
三人称単数の扱いと
なる。
・stop, enjoy, finish
などは動名詞しか目
的語にできない。

5 道案内の表現

〈命令文, and 〜〉で
「…しなさい，そうす
れば〜」の意味になる。

テストに出る！
予想問題

Our Project 6 〜 Reading 3　❶
この1年で得た「宝もの」〜 Visas of Hope

⏱ 30分
/100点

🎵 **1** 対話と質問を聞いて，答えにあう絵を1つ選び，記号で答えなさい。　🎵 a36 〔4点〕

ア　イ　ウ　エ

（　　　）

🎵 **2** 英文と質問を聞いて，その答えとして適するものを1つ選び，記号で答えなさい。🎵 a37

ア　Kate can.　　　　イ　Kate's mother can.　　　　〔4点〕
ウ　Kate's sister can.　エ　All of the three can't play the piano well.　（　　　）

3 次の日本文にあうように，＿＿＿に適する語を書きなさい。　4点×3〔12点〕

(1) 何千もの人々がその計画に加わりました。

＿＿＿＿＿＿＿＿ ＿＿＿＿＿＿＿＿ people joined the plan.

(2) 学校の規則に逆らってはいけません。

Don't ＿＿＿＿＿＿＿＿ ＿＿＿＿＿＿＿＿ the school rules.

(3) 父は疲れていたにもかかわらず，私にサンドイッチを作ってくれました。

＿＿＿＿＿＿＿＿ my father was tired, he made sandwiches for me.

4 次の対話が成り立つように，＿＿＿に適する語を書きなさい。　4点×2〔8点〕

よく出る (1) *A:* Could ＿＿＿＿＿＿ tell ＿＿＿＿＿＿ the way ＿＿＿＿＿＿ the post office?

B: Go straight, ＿＿＿＿＿＿ you will get there.

(2) *A:* Where is the church?

B: Turn left at the corner. You can ＿＿＿＿＿＿ it ＿＿＿＿＿＿ your right.

5 各組の文がほぼ同じ内容を表すように，＿＿＿に適する語を書きなさい。　4点×4〔16点〕

(1) ｛ Ms. Green can speak Japanese well.
　　 Ms. Green is ＿＿＿＿＿＿ ＿＿＿＿＿＿ ＿＿＿＿＿＿ Japanese well.

(2) ｛ We see these birds in Japan.
　　 These birds ＿＿＿＿＿＿ ＿＿＿＿＿＿ ＿＿＿＿＿＿ Japan.

ミス注意！ (3) ｛ Health is the most important of all.
　　 Health is ＿＿＿＿＿＿ ＿＿＿＿＿＿ ＿＿＿＿＿＿ any other thing.

(4) ｛ Don't run in this room.
　　 You ＿＿＿＿＿＿ ＿＿＿＿＿＿ ＿＿＿＿＿＿ in this room.

6 次の英文を読んで，あとの問いに答えなさい。　　　　　　　　　　　　　　〔20点〕

> 　Time was　①(limit)．Chiune wrote visas day and night．He ate very little．His arm became sore．On his last day，②he went to the station to leave for Berlin．A lot of Jewish people were waiting for him there．So Chiune kept writing visas while on the train．When the train started to leave, he handed out the last visa from the train window and cried out, "I'm really sorry．③(私はこれ以上ビザを書くことができません)．④[be / truly / I / everyone / hope / will / safe]．"

(1)　①の（　）内の語を適する形になおしなさい。　　_____　　　〈3点〉

(2)　下線部②を日本語になおしなさい。　　　　　　　　　　　　　　　　　　　〈6点〉
　　（　　　　　　　　　　　　　　　　　　　　　　　　　　　　　　　　　　）

(3)　次の英文が下線部③の意味になるように，＿＿に適する語を書きなさい。　〈5点〉
　　I cannot write _____ _____ visas.

(4)　下線部④が「私はみなさんが無事であることをほんとうに祈っています。」という意味
　　になるように，〔　〕内の語を並べかえなさい。　　　　　　　　　　　　　〈6点〉

──────────────────────────────

7 〔　〕内の語句を並べかえて，日本文にあう英文を書きなさい。　　5点×3〔15点〕
よく出る

(1)　友人と話すことは本を読むことと同じくらい重要です。
　　[is / as / as / with / talking / reading / important / friends / books]．

──────────────────────────────

(2)　その赤ちゃんは彼らによってトムと名づけられました。
ミス注意!
　　[Tom / the baby / was / them / named]．（1語補う）

──────────────────────────────

(3)　あなたは何回飛行機で旅行したことがありますか。
　　[by / traveled / how / have / many / you / plane]?（1語補う）

──────────────────────────────

8 次の日本文を英語になおしなさい。　　　　　　　　　　　　　7点×3〔21点〕

(1)　この花は英語で何と呼ばれていますか。　（受け身を使って）

──────────────────────────────

(2)　私は走るより泳ぐほうが好きです。

──────────────────────────────

やや難 (3)　私の弟は3時間ずっとテレビを見続けています。　（9語で）

──────────────────────────────

テストに出る！
予想問題

Our Project 6 〜 Reading 3 ❷
この1年で得た「宝もの」〜 Visas of Hope

⏱ 30分

/100点

1 対話を聞いて，花屋を示す場所を1つ選び，番号で答えなさい。 🎵 a38 〔5点〕

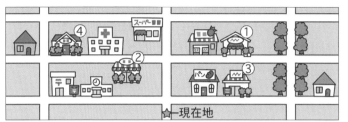

（　　　）

2 対話と質問を聞いて，その答えとして適するものを1つ選び，記号で答えなさい。 🎵 a39

ア　Mako did.　　　　　イ　John did.　　　　　〔5点〕

ウ　Riko's mother did.　　エ　Riko did.　　　　（　　　）

3 次の日本文にあうように，＿＿に適する語を書きなさい。 5点×2〔10点〕

(1) 子どもたちは雨にもかかわらず外で遊んでいます。

Children are playing outside ＿＿＿＿＿＿ ＿＿＿＿＿＿ of the rain.

(2) 彼は2時間絵を描き続けています。

He ＿＿＿＿＿＿ ＿＿＿＿＿＿ ＿＿＿＿＿＿ pictures for two hours.

4 各組の文がほぼ同じ内容を表すように，＿＿に適する語を書きなさい。 5点×2〔10点〕

(1) { He wants some food.
{ He wants something ＿＿＿＿＿＿ ＿＿＿＿＿＿.

(2) { She said nothing and left the house.
{ She left the house without ＿＿＿＿＿＿ ＿＿＿＿＿＿.

5 次の文を（　）内の指示にしたがって書きかえなさい。 5点×5〔25点〕

(1) When did your sister call Keiko?　（下線部を主語にした文に）

＿＿＿＿＿＿＿＿＿＿＿＿＿＿＿＿＿＿＿＿＿＿＿＿＿＿＿＿＿＿

(2) Studying English is important for me.　（to を使ってほぼ同じ内容を表す文に）

＿＿＿＿＿＿＿＿＿＿＿＿＿＿＿＿＿＿＿＿＿＿＿＿＿＿＿＿＿＿

(3) Your bag is not as old as mine.（比較級を使い，My bag を主語にしてほぼ同じ内容を表す文に）

＿＿＿＿＿＿＿＿＿＿＿＿＿＿＿＿＿＿＿＿＿＿＿＿＿＿＿＿＿＿

(4) Rumi bought the bag for 5,000 yen.　（下線部をたずねる受け身の文に）

＿＿＿＿＿＿＿＿＿＿＿＿＿＿＿＿＿＿＿＿＿＿＿＿＿＿＿＿＿＿

(5) I went to Nagoya to visit my uncle.　（下線部が答えの中心となる疑問文に）

＿＿＿＿＿＿＿＿＿＿＿＿＿＿＿＿＿＿＿＿＿＿＿＿＿＿＿＿＿＿

6 次の英文を読んで，あとの問いに答えなさい。　　　　　　　　　5点×4〔20点〕

　　Chiune returned to Japan in 1947. ①He (　　)(　　) quit his job.　One day in 1968, Chiune received a phone call from the Israeli Embassy.　Later, Chiune met a man. ②〔 paper / old / showed / of / him / the man / an / piece 〕.　"Do you remember this? We've been looking for you since the war ended," the man said ③(　　)(　　).

　　④Chiune introduced himself as "Sempo" when he was in Europe.　It was easier to pronounce.　Because of this, the Jewish people couldn't find him easily.

(1)　下線部①が「彼は仕事をやめなければなりませんでした。」という意味になるように，(　　) に適する語を書きなさい。　　_____　_____

(2)　下線部②が「その男性は彼に古い1枚の紙を見せました。」という意味になるように，〔　〕内の語句を並べかえなさい。

　　_____

(3)　下線部③が「涙を流して」という意味になるように，(　　)に適する語を書きなさい。

　　_____　_____

(4)　下線部④の英文を日本語になおしなさい。

　　(　　　　　　　　　　　　　　　　　　　　　　　　　　　　　　　　　　　)

7 〔　〕内の語句を並べかえて，日本文にあう英文を書きなさい。　　　　　5点×3〔15点〕

(1)　その部屋はたった今，母に掃除されました。

　　〔 by / the room / my / was / mother / cleaned / just 〕 now.

　　_____ now.

(2)　朝食を食べることは健康によいです。

　　〔 our / is / breakfast / for / good / eating / health 〕.

　　_____

(3)　先月は何台の車が売れましたか。

　　〔 were / many / last / how / sold / month 〕?　（1語補う）

　　_____

8 次のようなとき，英語でどのように言うか書きなさい。　　　　　　　　　5点×2〔10点〕

(1)　相手にあなたの車はどこで作られたのかとたずねるとき。

　　_____

(2)　自分は一度もその博物館(the museum)に行ったことがないと伝えるとき。　（7語で）

　　_____

動詞の形の活用をおさえましょう。

※赤字は特に注意しましょう。[　]は発音記号です。

★A・B・C型

原形	現在形	過去形	過去分詞	意味
be	am, is / are	was / were	been [bín]	〜である
begin	begin(s)	began	begun	始める
do	do, does	did	done	する
drink	drink(s)	drank	drunk	飲む
eat	eat(s)	ate	eaten	食べる
give	give(s)	gave	given	与える
go	go(es)	went	gone	行く
know	know(s)	knew	known	知っている
see	see(s)	saw	seen	見る
sing	sing(s)	sang	sung	歌う
speak	speak(s)	spoke	spoken	話す
swim	swim(s)	swam	swum	泳ぐ
take	take(s)	took	taken	とる
write	write(s)	wrote	written	書く

★A・B・B型

原形	現在形	過去形	過去分詞	意味
bring	bring(s)	brought	brought	持ってくる
build	build(s)	built	built	建てる
buy	buy(s)	bought	bought	買う
feel	feel(s)	felt	felt	感じる
find	find(s)	found	found	見つける
get	get(s)	got	got, gotten	得る
have	have, has	had	had	持っている
hear	hear(s)	heard	heard	聞く
keep	keep(s)	kept	kept	保つ
make	make(s)	made	made	作る
say	say(s)	said [sed]	said	言う
stand	stand(s)	stood	stood	立つ
teach	teach(es)	taught	taught	教える
think	think(s)	thought	thought	思う

★A・B・A型

原形	現在形	過去形	過去分詞	意味
become	become(s)	became	become	〜になる
come	come(s)	came	come	来る
run	run(s)	ran	run	走る

★A・A・A型

原形	現在形	過去形	過去分詞	意味
cut	cut(s)	cut	cut	切る
put	put(s)	put	put	置く
read	read(s)	read [red]	read [red]	読む

中間・期末の攻略本

解答と解説

取りはずして使えます！

開隆堂版　サンシャイン　英語2年

PROGRAM 1 ～ Steps 1

p.4 ～ p.5　テスト対策問題

1 (1)ア　(2)ウ

2 (1)すぐに，まもなく　(2)晩，夕方
(3)引っ越す　(4)忘れる　(5)外国に，海外へ
(6)計画，プラン，計画する
(7)free　(8)worried　(9)hope　(10)cry

3 (1)fishing ／ My pleasure
(2)By the way　(3)Nothing
(4)Take care　(5)came[went] home
(6)What's　(7)do her best

4 (1)am going to buy　(2)is　(3)aren't
(4)going to visit ／ am

5 (1)Are you going to go to　(2)You will
(3)Of course

6 (1)will do　(2)won't　(3)will be

7 (1)When you visited me, I was sleeping.
(2)Please call me if you are free.
(3)If it is sunny tomorrow, I will play tennis.

8 (1)He is going to travel in[to] Kyoto next week.
(2)It will be cloudy tomorrow.

解説

1 (1)話題の中の人物が「何を」する予定かを聞き取ることがポイント。

♪ *A:* Hi, Mari. Do you have any plans for this summer?
B: Yes. I'm going to stay in Okinawa for five days. I'll visit my friend's house.
Q: What is Mari going to do this summer?

訳 A：やあ，マリ。あなたはこの夏，何か計画がありますか。

B：はい。私は5日間沖縄に滞在する予定です。私は友人の家を訪ねようと思います。
質問：マリはこの夏，何をする予定ですか。

(2)No という返答とそのあとに続く「～しようと思う」の部分を聞き取ることがポイント。

♪ *A:* If it rains tomorrow, will you go shopping, Emi?
B: No. I will go to the library.
Q: If it rains tomorrow, will Emi go shopping?

訳 A：もし明日雨なら，あなたは買い物に行きますか，エミ。

B：いいえ。私は図書館に行こうと思います。
質問：もし明日雨なら，エミは買い物に行くでしょうか。

2 (4)forget は不規則動詞。過去形は forgot。
(10)cry は規則動詞。過去形は cried。

3 (3)会話でよく使われる表現。元の文は There's nothing special.
(5)外出先から「家に帰る」と言うときは go home と表す。
(7)「最善をつくす」は do my best。所有格(my)の部分は主語にあわせてかえる。

4 (4) ミス注意！ be going to ～ の疑問文では，答えるときも be 動詞を使って答える。

5 (1)be going to ～ を使った疑問文は be 動詞を主語の前に出す。

6 (3) ミス注意！ be 動詞を使って「～でしょう」と言うときは will be ～の形にする。

7 (3) ミス注意！ 時や条件を表す when ～や if ～の文中では，未来のことでも動詞は現在形を使って表す。

8 (1)指定語数とすでに決まっている予定なので be going to～ を使う。

1

(2)天候を表すときの主語は **it**。話し手の推測を表すときは will を使う。will のあとは動詞の原形なので It will be 〜. の形になる。

ポイント
- すでに決まっている未来の予定は〈**be going to＋動詞の原形**〉，話しているときに決めた未来のことは〈**will＋動詞の原形**〉で表す。

p.6 〜 p.7　予想問題

1 イ

2 イ

3 (1)**stay home**　(2)**came home**
　(3)**say hello to**　(4)**kind of**

4 (1)**If you don't start now, you will be late.**
　(2)**It was nine o'clock when I got up.**

5 (1)**Will / will**　(2)**What are**　(3)**when**

6 (1)**When everyone sang a song for me**
　(2)**be**
　(3)私は新しい学校で最善[ベスト]をつくすつもりです。
　(4)**have time**

7 (1)**I will write a letter to him**
　(2)**call me if you are late**
　(3)**lived in Kobe when I was a child**
　(4)**Where are you going to go next week?**

8 (1)**I'm[I am] going to read the book this afternoon.**
　(2)**My mother will make a cake next Sunday.**
　(3)**It was cloudy when I got up this morning.[When I got up this morning, it was cloudy.]**

解説

1 話題の中の人物が「子どものころ」「どこへ行ったか」を聞き取ることがポイント。
　♪ I live in Saitama. But when I was a child, I lived in Enoshima. So I often went to the sea.
　Q: Where did he often go when he was a child?
　訳 私は埼玉に住んでいます。しかし，子どものころは江の島に住んでいました。だから，

私はしばしば海に行きました。
　質問：彼は子どものころしばしばどこへ行きましたか。

2 by 以下をしっかり聞き取ることがポイント。
　♪ Keiko walks to school every day. But it is raining now. She will go to school by bus.
　Q: How will she go to school today?
　訳 ケイコは毎日学校まで歩きます。しかし，今は雨が降っています。彼女はバスで学校へ行くでしょう。
　質問：彼女は今日どのようにして学校へ行くでしょうか。

3 (1)「家にいる」は stay home。
　(3)「〜によろしくと伝える」は say hello to 〜。
　(4)「どんな種類の〜？」は What kind of 〜?。

4 (1)if が文頭にあるときは，次の文の前にカンマを置く。
　(2)「私が起きたとき，9時ちょうどでした」の文にする。文の後半に when 〜の文を置くときはカンマ(,)は不要。

5 (1)tomorrow と空所の数から**話し手の推測を表す will** を入れる。
　(2) **ミス注意!** 〈疑問詞＋be going to 〜?〉の形で「次の日曜日は何をする予定ですか」の文を作る。
　(3)あとに〈主語＋動詞〉があるので，接続詞を入れる。

6 (1)「〜のとき」は〈**when＋主語＋動詞**〉。
　(2)will のあとは動詞の原形。be 動詞の原形は be。
　(3)do one's best は「最善をつくす」。主語が I なので will は自分の意思として訳す。

7 (1)「〜するつもりです」と同意。
　(2) **ミス注意!** 〈命令文＋if 〜〉の形にする。if 以下の文は未来のことでも現在形で表す。

8 (1)**すでに決まっている予定**を表すときは **be going to** 〜を使う。
　(2)話し手の推測を表すときは will を使う。will のあとは動詞の原形。
　(3)**天候を表すときの主語は it**。when を文頭に置く場合は，カンマをつける。

PROGRAM 2

1 イ

2 (1)歴史　(2)ごみ，（台所の）生ごみ
(3)すべてのこと　(4)困りごと，困難
(5)正確に　(6)国の　(7)difficult
(8)hurry　(9)believe　(10)build

3 (1)is interested in　(2)went to bed
(3)pick them up　(4)Here we

4 (1)I think that she can sing well.
（私は彼女はじょうずに歌えると思います。）
(2)Do you know that Ken likes dogs?
（あなたはケンが犬を好きだと知っていますか。）
(3)I don't think that it will be rainy.
（私は雨が降らないと思います。）

5 (1)must
(2)We must protect nature.
(3)もし（何か）困ったことがあったら，私に言ってください。

6 (1)must practice　(2)Must, walk
(3)must not

7 (1)She doesn't have to learn English.
(2)We had to wash the car yesterday.
(3)Does my brother have to go there?

8 (1)I had to go to the library yesterday.
(2)Do you think that he is a good soccer player?

解説

1 トムの母は今すぐ宿題をしなくてはならないと言っているので,宿題をしている**イ**を選ぶ。

♪ *A:* Tom, you read too many comics.
B: Sorry, mom. I'll do my homework after dinner.
A: No. You must do it right now.
Q: What did Tom's mother say?

訳 A：トム，あなたは漫画の読みすぎです。
B：ごめんなさい，おかあさん。私は夕飯のあとで宿題をするつもりです。
A：だめです。あなたは今すぐ宿題をしなくてはいけません。
質問：トムの母は何と言いましたか。

2 (7)反対の意味の語は easy「たやすい」。

3 (1)「～に興味がある」は be interested in ～。be 動詞は主語や時制にあわせてかえる。
(3) ⚠️ミス注意! 「～を拾い上げる」は pick ～ up。「～」に入るのが代名詞でない場合は pick up ～ となる。

4 think, know, say などのあとに〈that＋主語＋動詞～〉を置いて，ひとまとまりで文全体の目的語にすることができる。
(3) ⚠️ミス注意! 「～でないと思う」と言うときは I don't think that ～. の形で表す。ふつう that 以下の文を否定文にはしない。

5 (1)① must not は「～してはいけない」。
(3)条件を表す if の文では「いくらかでも」の意味で any を使うことが多い。

6 (3)Don't で始まる否定の命令文は「～してはいけない」を意味する must not を使って書きかえられる。

7 (1)「～する必要はない」は don't have to ～ で表す。must の否定である must not「～してはならない」とは意味が異なるので注意する。主語が三人称単数なので doesn't have to を使う。
(2) ⚠️ミス注意! 「～しなければならない」と義務を表す must は have to ～で書きかえることができる。また，must には過去形がないので，過去の文にするときは have to の過去形 **had to** を使う。
(3) have[has] to～の文を疑問文にするときは一般動詞の疑問文と同じように文頭に do[does]を置く。

8 (2)Do you think that ～? の文を作る。「彼はよいサッカー選手である」を that 以下に〈主語＋動詞 ～〉の形で表す。

ポイント
• must は「～しなければならない」, must not は「～してはいけない」を表す。
• 「～する必要はない」はdon't have toで表す。

1 ア
2 イ
3 (1)You mustn't run in the hospital.
(2)My sister had to play the piano yesterday.
(3)I think that she is a good student.

4 (1)**Why don't** (2)**First of all**
　(3)**went hiking**

5 (1)**Did / did** (2)**don't have to**
　(3)**Does / she doesn't**

6 (1)**How terrible!**
　(2)②**Who** ④**about** (3)**don't have to**
　(4)ビーバーはカナダの国獣(国を代表する動物)のうちの１つです。

7 (1)**I think she plays tennis very well.**
　(2)**When do you have to leave here?**
　(3)**The children have to do their homework after dinner.**

8 (1)**You must not swim in this river.**
　(2)**I don't think this problem is difficult.**
　(3)**You don't have to wait for me.**

◆**解説**

1 しなければならないこと，してはいけないことを聞き取ることがポイント。

♪ I'll talk about the rules of my school. First, we must come to school before eight. Second, we must not run in the hallway. Third, we must not take pictures at school.

訳 私は学校の規則についてお話しします。まず，私たちは８時前に学校に来なくてはなりません。次に，私たちは廊下を走ってはいけません。３つ目に，私たちは学校で写真をとってはいけません。

2 think that ～で「～と思う」を表すが，ここでは think のあとにある that が省略されている。

♪ A: Do you know Hoshi Shinichi, Emily?
　 B: Yes. He is a famous writer.
　 A: That's right. Do you think his books are interesting?
　 B: Of course. I have a lot of his books.
　 Q: Does Emily think Hoshi Shinichi's books are interesting?

訳 A：あなたは星新一を知っていますか，エミリー。
　 B：はい。彼は有名な作家です。
　 A：そうです。あなたは彼の本をおもしろいと思いますか。
　 B：もちろん。私は彼の本をたくさん持っています。
　 質問：エミリーは星新一の本をおもしろいと思っていますか。

3 (1) ✕ミス注意! ６語という条件があるので禁止を表す must not は短縮形 mustn't を使う。
　(2)過去を表す語 yesterday を加えるので，had to を使って過去の文にする。

4 (3)「ハイキングに行く」は go hiking。go を過去形 went にする。

5 (1)have to の疑問文で，文末に yesterday があるので，文頭に did を置く。
　(2)A「私たちは買い物に行かなければなりませんか」B「いいえ，その必要はありません」というやりとりになるので，答えの文は禁止を表す must not ではなく don't have to が適切。

6 (1)〈How＋形容詞[副詞]！〉で「なんて～だろう！」という感嘆文になる。感嘆文の文末にはピリオドではなく感嘆符(！)をつける。
　(2)②文末に？があることから，まず疑問文とわかる。次に，文中に主語がないので，主語の働きがある疑問詞 who が適切と考える。
　(4)〈one of＋複数名詞〉は「～のうちの１つ[１人]」。

7 (1)I think (that) ～「私は～だと思う」の文を作る。ここでは that は省略されている。
　(2)疑問詞 when で始め，do を主語の前に置いて have to の疑問文を続ける。
　(3) ✕ミス注意! children は child の複数形なので，has to ではなく have to を使う。「宿題をする」は do their homework。

8 (1)７語という指定があるので，「～してはいけない」は Don't ～. ではなく must not ～の文を作る。
　(2)I think that ～の that 以下の文では，通常，否定文の形を使わないので，「難しくないと思う」を「難しいと思わない」と考えて文を作る。
　(3)「～する必要はない」は don't have to ～。「～を待つ」は wait for ～。

1 ア

2 (1)温度，気温　(2)たぶん，おそらく
(3)最低値　(4)コート，外とう　(5)late
(6)could

3 (1)What's up　(2)right　(3)like
(4)Could you

4 (1)How / be　(2)have

5 (1)I will call back later.
(2)Can I take a message?
(3)May I have your name?

解説

1　ミオがジョンに電話をかけたがジョンは外出中であると言われている場面。ジョンは家にいないので**ア**が正解。

♪ *A:* Hello. This is Mio. May I speak to John?
B: Hello, Mio. Sorry, but he is out now. He is at the library.

訳 A：こんにちは。こちらはミオです。ジョンと話せますか。
B：こんにちは，ミオ。ごめんなさい，彼は今外出中です。彼は図書館にいます。

2　(5)late は形容詞。「遅れる」は be late と表す。

3　(4) ⚠️ミス注意！ can の過去形 could を使うが過去の意味はない。**Could you 〜?** のほうが Can you〜? よりも**ていねいな依頼**になる。

4　(1)天候をたずねるときは how「どのような」を使う。
(2)天候は It is 〜. や We have〜. の形で表す。

5　(1)「電話をかけ直す」は call back。
(2)**「私が〜しましょうか」**は，ここでは **Can I 〜?**
(3)May I 〜? は「〜してもいいですか」と相手の許可を求める表現。

ポイント
・天気予報は will を使って表すことが多い。
・「明日は雨でしょう。」は，
It'll be rainy tomorrow. や We'll have rain tomorrow. などと表す。

1 イ

2 ウ

3 (1)Good evening　(2)have rain
(3)I think　(4)a moment　(5)was late for

4 (1)How　(2)Will, be　(3)What / like
(4)think, have　(5)must[may / can] not

5 (1)What's up
(2)I'm going to play tennis tomorrow.
（私は明日テニスをする予定[つもり]です。）
(3)Why don't　(4)for calling

6 (1)Could you write your name here?
(2)May I speak to your mother?
(3)We will need a coat tomorrow.

7 (1)Could you open the window(s)?
(2)Do you think (that) it will[it'll] be sunny tomorrow?

解説

1　場所と天気を正確に聞き取ろう。

♪ In Tokyo, it'll be rainy in the morning, and cloudy in the afternoon. The high will be 18 degrees. In Osaka, it'll be sunny and the high will be 20 degrees.

訳 東京は，午前中は雨で午後はくもりでしょう。最高気温は 18 度でしょう。大阪は，晴れで最高気温 20 度でしょう。

2　May I 〜? は「〜してもいいですか」と**許可を求める**表現。be absent from〜は「〜を欠席する」。

♪ *A:* Good morning. This is Yamada Ryota. May I speak to Ms. White?
B: Speaking. Good morning, Ryota. What's up?
A: I'm not well today. May I stay home from school?
B: Sure. Take care. Thanks for calling.
Q: Why will Ryota be absent from school today?

訳 A：おはようございます。こちらはヤマダリョウタです。ホワイト先生はいらっしゃいますか。
B：私です。おはようございます，リョウタ。どうしましたか。

A：私は今日具合が悪いです。学校を休んで
家にいてもいいですか。

B：もちろんです。お大事にしてください。
電話してくれてありがとう。

質問：リョウタはなぜ学校を休むのですか。

③ (2)天気予報では「～でしょう」を意味する
will を使うことが多い。

(4)電話で「少々お待ちください」はほかに,
Hold on, please. などの言い方もある。

(5)「～に遅刻する」は be late for ～。

④ (2) ⚡ミス注意!「明日は暑いでしょうか」「私は
そうは思いません」という対話。I don't think
so. の so は it will be hot をさしている。

(3)「何が必要ですか」と聞かれ「テニスボール
がほしいです」と返答している。I'd like ～は
I would like ～の短縮形で「～がほしい」。

(4)I think you have the wrong number. は「番
号をお間違えのようです」。

(5)「ここで泳いでもいいですか」と許可を求め
る問いに対して,「いいえ」と答えている。「こ
こで泳いではいけません」と禁止している。

⑤ (3)「～しませんか[しましょう]」と相手を誘
う表現には, Why don't we ～? のほか, Let's
～. や How about ～? がある。

(4)Thanks for ～ing. で「～してくれてありがとう」。

⑥ (1)「～していただけますか」は Could you ～?。

(2) ⚡ミス注意!「～してもよろしいですか」は May
I ～?。「～と話す」は speak to ～。

⑦ (1)ていねいな依頼は Could you ～? で表す。

(2) ⚡ミス注意!「～だと思いますか」は Do you
think that ～?。明日の天候を推測しているの
で that 以下の文は will を使った文にする。

p.20 ～ p.21 テスト対策問題

1 エ

2 (1)高価な, 高い　(2)つまようじ

(3)小テスト　(4)声　(5)役者

(6)風味, 味わい　(7)tall　(8)present

(9)healthy　(10)each

3 (1)Go for　(2)looks like

(3)around the world　(4)instead of

4 (1)I want to be a doctor.

(2)Where do you want to go this weekend?

(3)To play soccer with my friends is fun.

(4)Tom doesn't want to play outside.

5 (1)eating

(2)What kind of food do you have?

(3)and so on

6 (1)Science is an important subject to
study.

(2)I went to the library to study.

(3)Why did you visit Kyoto?

7 (1)swimming

(2)To read, Reading

(3)to snow, snowing　(4)running

(5)to draw, drawing

8 (1)I have many books to read.

(2)She finished doing her homework.

解説

1 実際したことは enjoyed のあとに書かれている
ので,そのあとを正確に聞き取ることがポイント。

♪ Yesterday, it was rainy. I didn't play
soccer outside. But I enjoyed watching
a movie at home with my friend John.

訳 昨日は雨でした。私は外でサッカーをしま
せんでした。しかし, 友人のジョンと私の
家で映画を見て楽しみました。

2 (10) ⚡ミス注意! each のあとの名詞は単数形に
する。主語で使う場合は三人称単数の扱い。

3 (2)「～に似ている」は look like ～。

(4)「～の代わりに」は in stead of ～。

4 (1)「～になりたい」は want to be ～。

(2)疑問詞を文頭に置き, 一般動詞の疑問文を続
ける。

(4) 〈ミス注意!〉 不定詞は to のあとが動詞の原形。この形は主語や時制が何であっても同じ。

5 (1)**enjoy** のあとに置けるのは動名詞のみ。

6 (1)不定詞の形容詞的用法を使って subject をあとから修飾する。

(2)不定詞の副詞的用法を使って，動作の目的を表す。「私は勉強するために図書館へ行きました」という文を作る。

(3)〈ミス注意!〉「あなたは何をするために京都に行きましたか」は「あなたはなぜ京都を訪れたのですか」と考える。理由・目的をたずねるときは Why で始まる疑問文を作る。

7 (1)(4)**enjoy**，**stop** の目的語になるのは動名詞のみ。

(2)(5)「～すること」は動名詞，不定詞の名詞的用法の両方で表すことができる。

(3) begin や start，like は不定詞，動名詞のどちらも目的語にすることができる。

8 (1) books のあとに不定詞を置いて「本」をあとから修飾する(不定詞の形容詞的用法)。

(2)「～し終える」は **finish ～ing**。finish は動名詞しか目的語にできない。

ポイント
・ 不定詞は〈to＋動詞の原形〉で表す。
・ 動名詞は動詞の -ing 形で表す。
・ 不定詞の名詞的用法と動名詞はほぼ同じ意味。

p.22～p.23 予想問題

1 エ

2 ウ

3 (1)**teaching** (2)**to take** (3)**to eat**

4 (1)**What kind of** (2)**come true**
(3)**do my best** (4)**in the future**

5 (1)**To** (2)**do，like to do**

6 (1)**looks like** (2)②**at** ③**in**
(3)⑤**Some** ⑥**Others**

7 (1)**I'll get up early to practice tennis tomorrow.**
(2)**Did she start to clean the room?**
(3)**He has some work to do today.**
(4)**When do you want to go fishing?**

8 (1)**Where do you want to buy a bag?**
(2)**Yuki had some letters to write.**
(3)**I enjoyed seeing a movie with Tom.**

解説

1 in the future は「将来」，want to be ～は「～になりたい」なので，アキの将来の夢は有名な歌手になること。

♪ Aki likes American music. She wants to go to America to learn English and music. She wants to be a famous singer in the future.

Q: What is Aki's dream in the future?

訳 アキはアメリカの音楽が好きです。彼女は英語と音楽を学びにアメリカへ行きたいと思っています。彼女は将来，有名な歌手になりたいと思っています。

質問：アキの将来の夢は何ですか。

2 ユイカは「祖母を手伝いたい」と言っているので，それが訪問する目的。

♪ *A:* Are you free this weekend, Yuika?
B: I'm sorry. I'm going to go to my grandmother's house.
A: Why are you going to visit her?
B: Because she is very busy. I want to help her.
Q: Why is Yuika going to go to her grandmother's house this weekend?

訳 A：あなたは今週末ひまですか，ユイカ。
B：ごめんなさい。私は祖母の家へ行く予定です。
A：なぜ彼女を訪れる予定なのですか。
B：彼女はとても忙しいのです。私は彼女を手伝いたいです。

質問：ユイカは今週末なぜ祖母の家に行く予定なのですか。

3 (1)「私の父は英語の教師です」を「私の父の仕事は英語を教えることです」に書きかえる。この文には不定詞も使うことができるが，空所が1つなので動名詞を使う。

(2)**like** は不定詞，動名詞のどちらも目的語にすることができるので不定詞の文に書きかえる。

(3) 〈ミス注意!〉「私は食べ物をまったく持っていません」を不定詞の形容詞的用法を使って「私は食べるためのものをまったく持っていません」に書きかえる。どちらの文も否定語を使うことで，not を使わず否定の意味を表している。

4 (3)「最善をつくす」は do my best。所有格の部分は主語にあわせてかえる。

5 (1) ミス注意! Why ～?(なぜ～)の疑問文に対する応答文。不定詞の副詞的用法(～するために)を使って，答えることもできる。Why ～? の疑問文には Because ～. も使うが，その場合はあとに〈主語＋動詞〉が必要なので，ここでは不適切。
(2)「私はハイキングに行くことが好きです」と答えているので，「あなたは何をするのが好きですか」とたずねる文にする。

6 (1)「～に似ている」は look like ～。主語にあわせて三人称・単数・現在形にする。
(2)場所を表す前置詞 at はある1地点を表し，in は位置や比較的広い範囲を表す。

7 (1)不定詞の副詞的用法を使って get up early をあとから修飾する。
(2) start は不定詞，動名詞のどちらも目的語とすることができるが，1語不要の条件があるため cleaning ではなく不定詞を使う。
(3) ミス注意! some のあとの名詞はふつう複数形にするが work を「仕事」という意味で使うときは単数形のまま使う。不定詞の形容詞的用法を使って work をあとから修飾する。
(4)「つりに行く」は go fishing。「いつ」をたずねるので When で始まる疑問文にする。

8 (1)「～したい」は want to ～で表す。「どこで」をたずねる文なので，Where で始まる疑問文を作る。
(2)不定詞の形容詞的用法を使って，some letters をあとから修飾する文を作る。
(3) ミス注意! enjoy は動名詞しか目的語にできないことに注意する。

Our Project 4 ～ Reading 1

p.25 テスト対策問題
1 (1)旅行者，観光客 (2)たぶん，十中八九 (3)衣服，着物 (4)だれか (5)死ぬ
(6)奇妙な (7)decide (8)sick (9)thought
(10)left
2 (1)up close (2)How, you like
(3)One day (4)these days

3 (1)to eat (2)to read
(3)nothing to read (4)to ski
4 (1)doing (2)to know (3)raining
(4)to see (5)playing

解説
1 (9) think は不規則動詞で，過去形は thought。
3 (3) ミス注意!「私は読むべきものが何もない」と考える。不定詞の形容詞的用法を使う。
4 ミス注意! (5)How about ～ing? は「～するのはどうですか」と相手を誘う表現。前置詞 about のあとの動詞の形は動名詞。
ポイント
・不定詞，動名詞のどちらを目的語にできるかは動詞によって異なる。

p.26 ～ p.27 予想問題
1 ウ
2 エ
3 (1)expensive (2)low (3)heavy
(4)dry (5)thin (6)empty
4 (1)Thank you for coming
(2)am sorry for (3)you are
(4)looked around
5 (1)Why / to (2)like to (3)to eat
6 (1)decided to play a trick on him
(2)out of (3)teeth
(4)ゴンは飛び跳ね，ウナギを持って逃げました。
7 (1)It began to rain this
(2)Did you enjoy visiting Kyoto with Nancy?
(3)Do your homework before eating dinner.
(4)Keiko wants to learn many languages.
8 (1)I have no time to read books[a book].
(2)Where do you want to go during (the) summer vacation?
(3)Don't stop cleaning the room until 4.

解説
1 ミサが「駅に行くところです」と言い，「急がなくては」と言われていることから，ミサはまだ駅に着いていないことがわかる。
♪A: Where are you going, Misa?
　B: I'm going to the station to take the 12 o'clock train.
　A: Oh, you have to hurry. It's 11:55.

8

訳 A：どこへ行くところですか，ミサ。

B：私は 12 時の電車に乗るために駅へ行くところです。

A：あら，急がなくてはなりません。11 時 55 分ですよ。

② 将来したいことに対する答えとして適するものを選ぶ。

♪ I'm Yohei. I want to be a carpenter in the future. And I want to build my house.

Q: What does Yohei want to do in the future?

訳 私はヨウヘイです。将来大工になりたいです。そして自分の家を建てたいと思います。

質問：ヨウヘイは将来何をしたいのですか。

④ (1)(2) **ミス注意!** for は前置詞なので，あとに**動詞を置くときは動名詞の形にする。**(2)being は be 動詞の -ing 形。

⑤ (1)「昨日なぜあなたは駅にいたのですか」「私は友人に会いにそこへ行きました」という対話にする。「なぜ」という質問に対して，不定詞の副詞的用法を使って目的を答えている。

(3) **ミス注意!** something to eat で「(何か)食べる物」を表す。ここでは疑問文なので anything を使う。

⑥ (1)**decide は不定詞のみを目的語とする。**「～にいたずらをする」は play a trick on ～。

(3) **ミス注意!**「歯全体」を意味するときは複数形の teeth を使う。

⑦ (2) **ミス注意! enjoy は動名詞のみ目的語とする**ので，visit を visiting にかえる。

⑧ (1)「時間がない」は have no time。不定詞の形容詞的用法を使って time をあとから説明する。

(2)「～したい」を表す want to～ を使って文を作る。where を文頭に置いた疑問文にする。

(3) **ミス注意!** don't で文を始め，否定の命令文を作る。**stop は動名詞しか目的語にすることができない**ことに注意する。

ポイント
・前置詞のあとに動詞を置くときは，動名詞の形にする。

p.28 ～ p.29 予想問題

① エ
② ウ

③ (1)**Five days later** (2)**came back**
(3)**said to himself** (4)**If, are**
④ ①ウ ②イ ③オ ④ア ⑤エ
⑤ (1)**this time**
(2)**Is he here to play a trick again?**
(3)③**fell** ④**nodded**
(4)煙がまだ銃身から昇っていました。
⑥ (1)**My sister didn't stop crying.**
(2)**Did Kevin take a bus to go to the park?**
(3)**Do you have anything important to tell me?**
⑦ (1)[例] **I like to go fishing.**
I like taking pictures.
(2)[例] **I want to swim in the sea.**
(3)[例] **I want to be a doctor.**

解説

① ピアノをひき始めた時間とひき終えた時間を正確に聞き取ることがポイント。

♪ Mari began to play the piano at 6 o'clock yesterday. And she finished practicing it at 7:00. After that she had dinner with her family.

Q: What was Mari doing at 6:30 yesterday?

訳 マリは昨日 6 時ちょうどにピアノをひき始めました。そして 7 時にその練習を終えました。そのあと彼女は家族と夕食を食べました。

質問：昨日の 6 時半にマリは何をしていましたか。

② 2 人の対話を正確に聞き取る。テレビを見ていたが，やめて外で遊ぼうと話している。また，質問は次にすることをたずねているので，**ウ**の「手袋をつける」が正解。

♪ *A:* Ken, it started snowing. Let's stop watching TV and play outside.

B: Yes, let's. But, Mary, we have to put on gloves.

Q: What will they do next?

訳 A：ケン，雪が降り始めました。テレビを見るのはやめて外で遊びましょう。

B：そうしましょう。でもメアリー，私たちは手袋をしなくてはなりません。

質問：彼らは次に何をするでしょうか。

3 (3)「心の中で考える」は say to ～self。～self の部分は主語にあわせてかえる。

5 (3)④ nod の過去形は d を重ねて nodded。

6 (2) ✎ミス注意! 「～するために」を表す不定詞の to と go to～の to が必要なので，to を補う。

(3) ✎ミス注意! 「話すべき何か重要なこと」は〈anything＋形容詞〉を置き，あとに to 定詞を置いて修飾する形をとる。

7 (3)質問の意味は「将来，あなたは何になりたいですか」。be のあとになりたい職業を入れる。

PROGRAM 4 ～ Word Web 3

p.32～p.33 テスト対策問題

1 ウ

2 (1)ひどく嫌う　(2)入る　(3)効果　(4)会社
(5)(音・声が)大きな　(6)解決する，解く
(7)money　(8)without　(9)gave　(10)carry

3 (1)sticking to　(2)is able　(3)should
(4)dive into

4 (1)The bird is smaller than that one.
(2)I practice harder than Bob.
(3)This map is more useful than mine.
(4)Does Kumi cook better than her sister?
(5)Osaka is hotter than Akita.

5 (1)Each robot is as small as a penny
(2)lighter than
(3)これらのハチロボットはハチのように花粉を花へ運ぶでしょう。

6 (1)best, of　(2)latest, of
(3)most popular

7 (1)Iwate is as cold as Aomori.
(2)Are your shoes as expensive as hers?
(3)I'm not as tired as Aki.

8 (1)This library is the largest in our city.
(2)Which is higher, Mt. Aso or Mt. Haruna?

解説

1 比較級と最上級を使ってメイ，アミ，リオの3人の背の高さを表している。情報を整理しながら聞く。

♪ Mei is taller than Rio. Ami is shorter than Rio. Mei is the tallest of the three girls.

訳 メイはリオより背が高いです。アミはリオより背が低いです。メイは3人の少女の中でもっとも背が高いです。

2 (10) ✎ミス注意! 過去形は y を i にかえて carried になるので注意する。

3 (3)「～すべきである」は助動詞 should で表す。
(4)主語を不定詞を使って表す。

4 2つの人やものを比べるときは比較級を使って表す。比べる対象を than のあとに置く。

5 (1)「…と同じくらい～」は as ～ as …。比べる対象を…に置く。

(2) ✎ミス注意! not as ～ as …は「…ほど～でない」という意味で，比較級を使った文に書きかえられる。「ペーパークリップほど重くない」は「ペーパークリップより軽い」と同じ意味。

(3) they は these robots をさす。these robots はハチロボットのこと。

6 3つ以上の人やものを比べて「もっとも～」と言うときは最上級を使う。「～の中で」は in か of で表す。あとに「範囲，場所，集団」がくるときは in，複数を表す「仲間や個数，人数」がくるときは of を使う。

(1)「～がもっとも好き」は like ～ the best。
(3)長い形容詞や副詞の最上級はその語の前に most をつける。

7 (1)(2)「…と同じくらい～」は as ～ as …の形。「～」に置く形容詞や副詞は元の形(原級)。

8 (1)「私たちの市の中で」は「範囲」を表す語句なので，前置詞は in を使う。

(2)「AとBではどちらが～ですか」とたずねるときは〈Which is ＋比較級，A or B?〉の形で表す。比較級のあとにカンマをつけること。

ポイント
- 比較級は形容詞[副詞]の語尾に -er，最上級は語尾に -est をつけて作る。
- 比較的長い形容詞[副詞]の比較級，最上級は，前に more, most を置いて作る。
- as ～ as …の～には，形容詞[副詞]の原級(元の形)が入る。

p.34～p.35 予想問題

1 (1)ウ　(2)ウ

2 ア

3 (1)without thinking　(2)Are, able to

(3)**I hope**　(4)**running off**

(5)**What, the best**

④　(1)**newer**　(2)**more difficult than**

(3)**bigger than**　(4)**better than**

(5)**can't[cannot]，well as**

⑤　(1)私はカワセミがすべての中でもっとも

　　美しい鳥だと思います。

(2)**The bird gave a hint to a Shincansen**

　　engineer.

(3)**in**　(4)**when，entered**

⑥　(1)**Reading books is as exciting as**

　　talking with friends.

(2)**Which do you like better, English or**

(3)**Which is the most difficult of**

⑦　(1)**I like winter better than summer.**

(2)**Who is the most famous baseball**

　　player in Japan?

(3)**I can't draw pictures as well as you.**

(4)**This pencil is the longest of the five.**

解説

①　(1)同時にゴールしているので，ヒデキとジョ

　ンが同じくらいの速さだと言っている**ウ**を選ぶ。

　(2)円グラフから，イヌがもっとも人気があると

　言っている**ウ**を選ぶ。

♪(1)ア　John doesn't run as fast as Hideki.

　　イ　John runs faster than Hideki.

　　ウ　Hideki runs as fast as John.

　(2)ア　Cats are more popular than dogs in

　　　　my class.

　　イ　Dogs aren't as popular as cats in my

　　　　class.

　　ウ　Dogs are the most popular of the

　　　　three in my class.

訳(1)ア　ジョンはヒデキほど速く走りません。

　　イ　ジョンはヒデキより速く走ります。

　　ウ　ヒデキはジョンと同じくらい速く走り

　　　　ます。

　(2)ア　私のクラスでは，ネコはイヌより人気

　　　　があります。

　　イ　私のクラスでは，イヌはネコほど人気

　　　　がありません。

　　ウ　私のクラスでは，イヌが３つの中でも

　　　　っとも人気があります。

②　ケイコはタクがクラスでもっともじょうずに

　英語を話すと言っているので，タクがどの生徒

　よりもじょうずに英語を話すかという質問には

　「はい」と答えているものを選ぶ。

♪A:　Who can speak English the best in

　　　our class, Keiko?

　B:　I think Taku is the best English

　　　speaker in our class.

　Q:　Does Taku speak English better than

　　　any other student in their class?

訳　A：だれが私たちのクラスでもっともじょう

　　　　ずに英語を話せますか，ケイコ。

　　　B：私はタクが私たちのクラスでもっともじ

　　　　　ょうずな英語の話し手だと思います。

　　　質問：タクは彼女たちのクラスでほかのどの

　　　　　　生徒よりもじょうずに英語を話します

　　　　　　か。

③　(1)　ミス注意！ without は前置詞。前置詞のあ

　とに動詞を置くときは動名詞の形。

　(2)**can（～できる）**は **be able to ～**とほぼ同じ

　意味。

　(3)〈**I hope（that）＋主語＋動詞～.**〉で「**～で**

　あればいいなと思う」。〈**主語＋動詞**〉の部分に

　は**実現可能な願い**を置く。

　(5)　ミス注意！ 選択肢を示さずに「何か」をたず

　ねるときは，**which** でなく **what** を使う。

④　(1)「ケンのかばんはあなたのものより古いで

　す」を「あなたのかばんはケンのものより新し

　いです」とする。

　(2)「この問題はあの問題よりかんたんですか」

　を「あの問題はこの問題より難しいですか」と

　する。difficult の比較級は more difficult。

　(3)「私の学校はあなたの学校ほど大きくない」

　を「あなたの学校は私の学校より大きい」と言

　いかえる。

　(4)　ミス注意！「彼女はすべてのスポーツの中で

　テニスがもっとも好きです」を「彼女はほかの

　どのスポーツよりもテニスが好きです」とする。

　「**ほかのどの～より…**」は〈**比較級＋than any**

　other＋単数名詞〉で表す。

　(5)　ミス注意！ well「**じょうずに**」の比較級は

　better。「ユイはタクよりじょうずに英語を話

　せます」を「タクはユイほどじょうずに英語を

話せません」と考える。肯定文から否定文への書きかえとなる。

5 (1) it は a kingfisher をさす。think のあとの that が省略されているが，it's 以下が think の目的語となっている。

(2)「〜(人)に…(もの)を与える」は **give ... to〜** の形で表す。

(3)あとに範囲を表す語(Japan)があるので，前置詞は **in** を使う。

(4)「〜のとき」は〈when＋主語＋動詞〉で表す。

6 (2) ✐ミス注意! 「あなたはAとBのどちらが好きですか」は **Which do you like better, A or B?** で表す。

(3)選択肢を示して「どれ」かをたずねるときは疑問詞は which を使う。

7 (1)「〜より…が好き」は **like ... better than〜**。

(2)「だれが日本でもっとも有名な野球選手ですか」という文を作る。**主語になる who は三人称単数の扱い**なので be 動詞は is を使う。

(3)「…ほど〜でない」は **not as 〜 as ...** の形を使って表す。「〜」には形容詞または副詞の原級が入る。

(4)「〜の中でもっとも…」の「〜」に複数を表す語が入るときは前置詞は of を使う。

PROGRAM 5 〜 Power-Up 3

p.38〜p.39 テスト対策問題

1 ウ

2 (1)貸す (2)重要性，大切さ (3)扱う
(4)覚えている，思い出す (5)興奮した
(6)話，物語 (7)become (8)son
(9)taught (10)spoke

3 (1)**is good at** (2)**find out**
(3)**many times** (4)**Are you ready**

4 (1)**My sister doesn't know how to use a camera.**
(2)**know when to go home**
(3)**I don't know what to do.**
(4)**Does he know where to buy flowers?**

5 (1)**I learned how to do it well.**
(2)② **of** ③ **by**
(3)だれも私を責めませんでした

6 (1)**look** (2)**become** (3)**sick**

7 (1)**to her** (2)**him pictures**
(3)**us English** (4)**for me**

8 (1)**My aunt became[got] sick last year.**
(2)**We didn't know when to come here.**

解説

1 **how to〜** は「〜の仕方」，「どうやって〜すればよいか」。否定文になっていることが聞き取れれば正解のウを選べる。

♪ Mina wanted to make a cake for her mother. But she didn't know how to make a cake.

訳 ミナは母のためにケーキを作りたいと思いました。けれど彼女はケーキの作り方がわかりませんでした。

2 (5) ✐ミス注意! excited は形容詞なので「興奮している」は〈be 動詞＋excited〉の形にする。

3 (1)「〜するのが得意である」を表す **be good at 〜ing** は，「じょうずに〜できる」を意味する can 〜 well とほぼ同じ意味を表す。

4 動詞の目的語として〈疑問詞＋to＋動詞の原形〉を置くことができる。**how to 〜**（〜の仕方，どのように〜すればよいか），**what to 〜**（何を〜すればよいか），**when to 〜**（いつ〜すればよいか），**where to 〜**（どこで[に]〜すればよいか）も覚える。

5 (2)③ by mistake は「誤って，間違って」。

(3) ✐ミス注意! 〈No one＋動詞〉は「1人も[だれも]〜しない」を表す。主語になるときは，**no one は三人称単数の扱い**。

6 (1)(3)〈look＋形容詞〉は「〜に見える」。

(2)〈become＋形容詞[名詞]〉は「〜になる」。I want to become 〜. は I want to be 〜. に書きかえられる。

7 〈主語＋動詞＋人＋もの〉は〈主語＋動詞＋もの＋to または for＋人〉に言いかえられる。

(1)(2)(3) give, send, teach は〈to＋人〉，(4) buy は〈for＋人〉の形を使う。

8 (2) when to 〜の「〜」の部分の動詞は，過去の文でも形はかわらない。

…

ポイント
- 〈疑問詞＋to＋動詞の原形〉を目的語にできる。
- how to ～(～の仕方),what to ～(何を～すればよいか),when to ～(いつ～すればよいか),where to ～(どこで[に]～すればよいか)

p.40 ～ p.41　予想問題

1 ウ

2 イ

3 (1)Are, ready to　(2)Would you like
(3)for you　(4)for now　(5)take action

4 (1)I'll tell the students this story.
(2)Our uncle gave us the shoes.
(3)I don't know where to have lunch.
(4)His cap looks cool.
(5)What did Kenta show to them?

5 (1)alone　(2)②her　③looked
(3)私はおばあさんがとても喜び，私たちに何度も感謝してくれたのを見て，とてもうれしかったです。
(4)taught me the importance of working for others

6 (1)I'd like to know where to play tennis.
(2)Did Miki make breakfast for them?
(3)looks happy when he looks at the pictures of his children
(4)I will send a letter to my friend.

7 (1)The singer became very popular in Japan.
(2)I often teach my sister math.
(3)I know how to get[go] to your house.

解説

1 "he gave me a new racket..." の he が my grandfather をさすことから正解は**ウ**。

♪ I only had an old racket, so I wanted a new one. But my father didn't buy me one. I was sad. Yesterday my grandfather came to see us, and he gave me a new racket for a Christmas present. Now I'm very happy.

訳 私は古いラケットしか持っていなかったので，私は新しいのがほしいと思いました。けれど父は私にそれを買ってくれませんでした。私は悲しかったです。昨日，祖父が私たちに会いに来て，私にクリスマスプレゼントとして新しいラケットをくれました。今，私はとても幸せです。

2 which to buy は「どちらを買えばよいか」。女性は，男性の意見で黒いコートを買うことに決めたことをしっかり聞き取る。

♪ A: I think this white coat and that black one are good. But I can't decide which to buy. What do you think, Eita?
B: I think you will look cool when you wear a black coat.
A: Thanks. I'll buy the black one.
Q: Which coat will the woman buy, the black coat or the white coat?

訳 A：私はこの白いコートとあの黒いコートがよいと思います。でも，どちらを買えばよいか決められません。あなたはどう思いますか，エイタ。
B：私は，あなたは黒いコートを着るとかっこよく見えると思います。
A：ありがとう。私は黒いのを買おうと思います。
質問：女性は黒いのと白いのでは，どちらのコートを買うつもりですか。

3 (2)「～はいかがでしょうか」と人に食べ物などをすすめるときは **Would you like ～?** と言う。

4 (2) ✕ミス注意! 「私たちはおじからその靴をもらいました」を「おじは私たちにその靴をくれました」と言いかえる。
(3)「どこで昼食を食べればよいか私はわかりません」の文を作る。「どこで～すればよいか」は **where to ～**。
(5)「ケンタは彼らに何を見せましたか」という文を作る。

5 (2)②〈give＋人＋もの〉の語順のときは人の前に前置詞は不要。　③〈look＋形容詞〉は「～に見える」。「～を見る」というときは look at～。
(3) ✕ミス注意! to 以下は「～して」と感情の原因を表す副詞的用法の不定詞。see that の that の内容はおばあさんのした行動(前文の She ～ many times.)をさす。

13

(4)「(人)に(もの)を教える」は〈teach＋人＋もの〉。語順に注意する。

6 (1) ⚡ミス注意! 「私は～したい」は I'd like to ～。I'd は I would の短縮形。

(4)語群に to があるので〈send＋もの＋to＋人〉の語順にする。

7 (2) 6 語と指定があるので〈teach＋人＋もの〉の語順にする。

(3) know の目的語に〈how to ～〉を置く。8 語と指定があるので、「～への行き方」は how to get to ～ で表す。

PROGRAM 6 ～ Steps 3

p.44～p.45 テスト対策問題

1 イ

2 (1)賞 (2)政治の (3)(議論される重大な)問題
(4)尊敬、敬意 (5)ささげる
(6)大統領 (7)holiday (8)seen
(9)mutual (10)influence

3 (1)set up (2)Millions of (3)one of
(4)are interested in

4 (1)written (2)made (3)used
(4)cleaned (5)put (6)built (7)known

5 (1)彼は有名なミュージシャン[音楽家]ですか。
(2)His songs are sung all over the world.
(3)through

6 (1)taken by (2)are, loved
(3)Was, found

7 (1)is sold in (2)was covered with
(3)known to

8 (1)His books are read by many young people.
(2)When was the car bought by him?

解説

1 「多くの国で使われている言語」が英語ということがわかれば正解を選べる。

♪ This language is used in many countries.
A lot of students in Japan study it too.

訳 この言語は多くの国で使われています。日本の多くの生徒もそれを学んでいます。

3 (3)「もっとも～のうちの１人(１つ)」は最上

級を使って〈one of the＋最上級＋名詞の複数形〉の形で表す。

(4)「～に興味がある」は be interested in～。

4 受け身の文は〈be 動詞＋過去分詞〉で表す。規則動詞の過去分詞は過去形と同様に語尾に -(e)d をつける。不規則動詞は不規則に変化。

5 (2)「世界じゅうで」は all over the world。sing は sing - sang - sung と活用する。

6 受け身の文で、**動作の行為者**がはっきりしているときは、〈be 動詞＋過去分詞〉のあとに by ...を置いて行為者を示す。by のあとに代名詞を置くときは目的格にする。

(1) take の過去分詞は taken。

(3) find の過去分詞は found。

7 (1) sell の過去分詞は sold。

(2)(3) by 以外の前置詞を使う受け身表現。「～でおおわれている」は be covered with ～、「～に知られている」は be known to ～で表す。

8 (1)主語が複数で時制は現在なので be 動詞は are を使う。

(2) ⚡ミス注意! 「その車はいつ彼に買われましたか」と車を主語にした文を作る。

ポイント
・受け身の文は〈be 動詞＋過去分詞〉。
・be 動詞は主語と時制により変化させる。
・行為者は by ...で示す。

p.46～p.47 予想問題

1 イ

2 イ

3 (1)most popular songs
(2)all over, world

4 (1)Is tennis played in many countries?
(2)This song was sung by my daughter.
(3)Where was the umbrella made?
(4)What was found by the girl?

5 (1)When was
(2)What time / is cleaned
(3)was made by

6 (1)Was, written by
(2)It was used to set up a national holiday for
(3)スティービーはキング牧師に大いに感化されました。

(1)**What language is used in this country?**

(2)**Do you think *sukiyaki* is known to people around the world?**

(3)**Stars can't be seen here.**

(4)**A new bridge was built**

8 (1)**The[Those] chairs were carried by the boys.**

(2)**Where was the flower found?**

(3)**What subject is taught by Mr. Yamada?**

✓ 解説

1 be made from～は「～からできている」。ア～エのうち，牛乳からできていて，原料が元の形をとどめていないものはイのチーズである。

♪ Butter is made from milk. And this food is made from milk too. What is this food?

訳 バターは牛乳からできています。そしてこの食べ物も牛乳からできています。この食べ物は何ですか。

2 質問の意味は「山の写真はその男性にとられましたか」。写真をとったのは女性なので正解はイ。be covered with～は「～におおわれている」。

♪ A: Look at that mountain, Bill.
　 B: Oh, it's very beautiful. The top of it is covered with snow, right?
　 A: Yes. I took some pictures.
　 Q: Were the pictures of the mountain taken by the man?

訳 A：あの山を見て，ビル。
　 B：わあ，とてもきれいです。山の頂上は雪でおおわれていますよね。
　 A：そうです。私は何枚か写真をとりました。
　 質問：その山の写真はその男性にとられましたか。

3 (1)「もっとも～な…のうちの１つ」は最上級を使って〈one of the＋最上級＋名詞の複数形〉で表す。

4 (2) sing の過去分詞は sung。

(3) ✓ミス注意! 場所をたずねる文にするので where を文頭に置き，受け身の疑問文を続ける。

(4) ✓ミス注意! 「何がその少女によって見つけられ

ましたか」という文を作る。主語になる疑問詞は三人称単数の扱いになるので注意する。

5 (1)「約５年前」と答えているので，時をたずねる when で文を始める。動詞が原形でないことと文の意味から受け身の文と判断する。

(2)「７時に」と答えているので，時間をたずねる what time で文を始める。

(3)答えの文では主語が It＝this *onigiri* になっているので受け身の文で答える。

6 (1)be 動詞の時制を過去形にするのを忘れない。

(2)受け身の文のあとに副詞的用法の不定詞を続けて目的を表す。

7 (1)what language を主語にして受け身の文を作る。

(2) ✓ミス注意! 中心となる文は「あなたは～と思いますか」を表す Do you think that～? の文で，that が省略されている。that 以下に「すき焼きは世界じゅうの人々に知られている」の文を入れて作る。

(3)助動詞を使った受け身の文は〈助動詞＋be＋過去分詞〉で表す。

(4) build「建てる」の過去分詞 built を補う。

8 (2)「どこで」をたずねるので where を文頭に置き，「その花」the flower を主語にした受け身の疑問文を続ける。

(3) ✓ミス注意! 「何の科目」what subject を主語にして受け身の疑問文を作る。主語になる疑問詞は三人称単数の扱い。

Our Project 5 ～ Reading 2

p.49　テスト対策問題

1 (1)戦争　(2)失敗する　(3)帰る，もどる
(4)突然，急に　(5)死んでいる　(6)選ぶ
(7)**village**　(8)**met**　(9)**kept**　(10)**land**

2 (1)**such as**　(2)**kept[continued] dancing**
(3)**shoot down**　(4)**one after another**

3 (1)**The roof of that house is covered with leaves.**

(2)**The song is known to a lot of children.**

(3)**He is known (to people) as a great singer.**

4 (1)彼らはその知らせを聞いて驚きました。

(2)彼は医師になるために一生懸命勉強しています。

⑤ (1)**You must not go there today.**

(2)**Must she take off her shoes here?**

解説

③ (1)「～におおわれている」は **be covered with ～**。

(2)「～に知られている」は **be known to ～**。

(3) **ミス注意!** **be known as ～** は「～として知られている」。**as** 以下は主語を説明している。

④ 不定詞の副詞的用法には「～して」と感情の原因を表すもの(1)と、「～するために」と動作の目的を表すもの(2)がある。

⑤ (1)6語と指定があるので **Don't ～.** ではなく **must not**「～してはいけない」を使う。

ポイント

• 不定詞の副詞的用法で「～して」と、感情の原因を表すこともできる。

p.50～p.51　予想問題

1 ウ

2 ア

3 (1)**behind** (2)**in front of** (3)**into**
(4)**running short** (5)**sank off**
(6)**left〔started〕for** (7)**way back to**

4 (1)**weren't able to** (2)**must not swim**
(3)**is known to**

5 (1)1999 年に大きな地震がトルコを襲ったとき、日本人はそこへ助けに行きました。
(2)**This time**
(3)**make a better world by helping each other outside our borders**
(4)**to, to help**

6 (1)**When was this letter written by her?**
(2)**I stopped listening to the music.**
(3)**I was excited to watch the baseball game on TV.**

7 (1)**The village is covered with much〔a lot of〕snow.**
(2)**Are these rooms cleaned on Sunday(s)?**
(3)**I was excited to hear the news.**

解説

1 読まれた英文が表す本を選ぶ問題。It was written by .... が作者を表している。

♪ This is a book. It was written by Dazai Osamu. It is known to a lot of people. In this story, Melos runs to his friend. What is this book?

訳 これはある本です。それは太宰治によって書かれました。それは多くの人に知られています。この話の中で、メロスは友人のもとに走ります。この本は何でしょう。

2 「～して」と感情の原因を表すときは副詞的用法の不定詞を使う。

♪ *A:* Kento, you look sad. What's up?

B: I was sad to hear the news about my friend. Eita is going to move to Hokkaido next week.

A: I see. That's so sad.

Q: Why is Kento sad?

訳 A：ケント、あなたは悲しそうに見えます。どうしましたか。

B：私は友人についての知らせを聞いて悲しかったのです。エイタが来週、北海道に引っ越す予定なのです。

A：そうですか。それはとても悲しいですね。

質問：ケントはなぜ悲しいのですか。

3 (4)be 動詞があるので過去進行形の文であると判断する。

(5)sink は不規則動詞。過去形は sank。

4 (1)**can＝be able to**。過去の文なので be 動詞は were を使う。

(2)**Don't ～.＝must not ～**「～してはいけない」

5 (1)〈when＋主語＋動詞〉は「～のとき」。不定詞は動作の目的を表す副詞的用法。「～するために」を意味する。

(3)「おたがい」は each other。by は前置詞なので、あとに動詞を置くときは動名詞の形になる。

(4)質問は「大地震と津波が東日本を襲ったとき、トルコの人々は何をしましたか」。「彼らは日本人を助けるために日本に来ました」という答えの文を作る。

6 (1)行為者を示す by を補う。

(2) **ミス注意!** stop は動名詞しか目的語にできない。不定詞で使う to は不要。

(3)感情の原因を表す不定詞の副詞的用法。

7 (1)「～におおわれている」は **be covered with ～**。前置詞は with。

(2) ✕ミス注意! 主語が複数，時制が現在なので be 動詞は are を使う。

(3)「興奮した」は be excited。「～して」と感情の原因を表す不定詞をあとに続ける。

p.52 ～ p.53 予想問題

1 ア

2 ウ

3 (1)was built　(2)must not

4 (1)each other　(2)be afraid of

(3)at war　(4)Tell me more

5 (1)I was sad to hear the information.

(2)Why did he go to Canada?

(3)Where was the bag made?

(4)Naomi had to help her mother.

6 (1)on，way back to　(2)② off　③ in

(3)彼らはトルコ語がわかりませんでした。

(4)they gave their last chickens to the survivors

7 (1)History is an important subject to study.

(2)My father was lucky to catch the train.

(3)When was the car bought by your uncle?

8 (1)I was excited to read the book.

(2)You must not[mustn't] keep[continue] using a[your] smartphone.

(3)She is known as a famous singer.

解説

1 **be known as～**は「～として知られている」。江戸幕府最初の将軍は**ア**の徳川家康。

♪ He is in the history textbook. He is a famous person in Japanese history. He is known as the first *shogun* of "Edo Bakufu." Who is he?

訳 彼は歴史の教科書にのっています。彼は日本の歴史上の有名な人物です。彼は江戸幕府の最初の将軍として知られています。彼はだれですか。

2 「静かにして，そしてピアノをひかないで」と言われているので，**ウ**の「マオは今ピアノをひいてはいけない」を選択する。

♪ A: Mao, the baby is sleeping in that room now. Be quiet, and don't play the piano.

B: OK, Dad. I'll do my homework.

訳 A：マオ，今，赤ちゃんがあの部屋で眠っています。静かにして，そしてピアノをひかないでください。

B：わかりました，おとうさん。私は宿題をします。

3 (1) ✕ミス注意! 建物に対して How old ～? は「築何年ですか」の意味。it を主語にして「90年前に建てられました」と受け身で答えている。

(2) ✕ミス注意! May I ～? は「～していいですか」と許可を求める表現。それに対して，No と答えているので，助動詞を「～してはいけない」の must not にする。

4 (2)「～を恐れる」は be afraid of ～。don't have to のあとには動詞の原形を置くので，be 動詞は be を使う。

(4) ✕ミス注意! 「もっと多くのこと」は much の比較級 more で表す。

5 (1)形容詞 sad のあとに感情の原因を表す不定詞を置いて，あとから説明を加える。

6 (3)Turkish は，ここではトルコ語の意味。

(4)〈give＋もの＋to＋人〉の語順にする。

7 (1) ✕ミス注意! 形容詞的用法の不定詞を使って subject をあとから説明する。

8 (1)「興奮する」は be excited。あとに感情の原因を表す不定詞を置いて説明する。

(2) ✕ミス注意! 「～してはいけない」は **must not**。「～し続ける」は keep[continue] ～ing で表す。keep[continue]のあとの動詞の形に気をつける。

PROGRAM 7 ～ Power –Up 4

p.56 ～ p.57 テスト対策問題

1 ウ

2 (1)ことば　(2)(出)入り口

(3)引きつける，魅了する　(4)乗客，旅客

(5)ヨーロッパ　(6)類似した　(7)done

(8)taken　(9)eaten　(10)foreign

3 (1)day by day　(2)between，and

(3)a piece of　(4)due to

17

4 (1)**We have already had lunch.**
（私たちはすでに昼食を食べました。）
(2)**The bus has just started.**
（バスはちょうど出発したところです。）
(3)**I have[I've] already listened to this CD.**
（私はすでにこのCDを聞きました。）

5 (1)あなたはもうスピーチ（のため）の宿題をしましたか。
(2)**haven't finished, yet** (3)**What**

6 (1)**Has Rina practiced the piano yet?**
(2)**I haven't cleaned the room yet.**

7 (1)**I have made a cake twice.**
(2)**Rumi has never played the piano.**
(3)**Has he ever heard the story?**
— **Yes, he has.**
(4)**We have been to Ueno Zoo once.**

8 (1)**Kevin has visited Kyoto three times.**
(2)**Have you done your homework yet?**

解説

1 ミス注意! never は「一度も～（したことが）ない」という強い否定を表す。否定文の形はとらないが，否定の意味になる。また，have[has] been to ～で「～に行ったことがある」を表すが，あとに there を置く場合は have[has] been there の形になることに注意。

♪ *A*: Have you ever been to China?
B: No, I've never been there. But I've been to India once.

訳 A：あなたは中国に行ったことがありますか。
B：いいえ，私は一度もそこへ行ったことがありません。けれどインドには１回行ったことがあります。

4 現在完了の「完了」は現在の時点でものごとが完了した状態であることを表す。肯定文では just「ちょうど」，already「すでに」，否定文・疑問文では yet「まだ」（否定文）／「もう」（疑問文）のなどといっしょに使われることが多い。
(1)(2)(3)の already, just は肯定文と否定文では have[has]と過去分詞の間に置く。

5 (1)it は your homework for the speech。
(2)yet は文末に置く。
(3)「あなたは何について書いているのですか」とたずねる文にする。

6 現在完了の疑問文は have[has] を主語の前に出す。否定文は have[has] のあとに not を置く。yet は疑問文では「もう」，否定文では「まだ」の意味になる。

7 (1)「2回」は twice。～times なども含め，回数を表す語句は文末に置く。
(2) ミス注意! 「一度も～したことがない」と言うときは have[has] の直後に never を置く。never 自体に強い否定の意味があるので，not はつけない。
(3)「これまでに」を表す ever は過去分詞の前。
(4) ミス注意! 「～に行ったことがある」は，ふつう go の過去分詞は使わず have[has] been to ～と表すことに注意する。

8 (2)「宿題をする」は，ここでは do your homework。do の過去分詞は done。

ポイント
• 現在完了は〈have[has]＋過去分詞〉で表す。
• 経験では before や ever，～ times，完了では already や just，yet などが使われる。

p.58 ～ p.59　予想問題

1 エ
2 ア
3 (1)**due to** (2)**Not yet**
(3)**around the world**
4 (1)**I have[I've] never written a letter in English.**
(2)**Has Junichi sent a present yet?**
(3)**How many times has she climbed Mt. Fuji?**
5 (1)**Has / she hasn't**
(2)**Have, ever / never read**
(3)**Have, yet / have / I've**
6 (1)私は以前に美術の歴史についての本を読んだことがあります。
(2)**In those days**
(3)**Have you ever heard of Monet and van Gogh?** (4)**influenced**
7 (1)**Have you ever seen the animal?**
(2)**Miki has never learned French.**
(3)**The train has just arrived at the station.**
(4)**Has she washed those dishes yet?**

⑧ (1)**She has never been to Nagasaki.**

(2)**I have[I've] already written a letter to Daniel.**

(3)**I've stayed at the hotel before.**

解説

① just は「ちょうど(〜したところだ)」という意味を表すので，ちょうど宿題を終えた場面をのエを選ぶ。

🎵 *A:* Can you help me, Mike? Have you done your homework yet?

B: Yes. I've just finished it.

訳 A：マイク，手伝ってもらえますか。もう宿題をしましたか。

B：はい。私はちょうどそれを終えたところです。

② **How many times 〜? は回数をたずねるとき**の言い方。ここでの time は「回数」を表す。質問は，ケイコがスカイツリーに何回行ったことがあるかなので，2回と答えている**ア**が正解。

🎵 *A:* Keiko, please tell me how to get to TOKYO SKYTREE. I've never been there.

B: OK, John. I've been there twice.

Q: How many times has Keiko been to TOKYO SKYTREE?

訳 A：ケイコ，東京スカイツリーへの行き方を教えてください。私は一度もそこへ行ったことがありません。

B：いいですよ，ジョン。私はそこへ2回行ったことがあります。

質問：ケイコは東京スカイツリーに何回行ったことがありますか。

③ (2)会話文でよく使われる表現。

④ (1)「一度も〜したことがない」は〈**have[has]＋never＋過去分詞**〉。

(2)already を「もう」を表す yet にかえて文末に置く。

(3)回数をたずねる how many times を文頭に置く。

⑤ (1)主語が三人称単数なので has を使う。

(2) ⚠️ミス注意! 空所が多く一見わかりにくいが，AとBの両方をよく読んで順番に考える。Bの文に I've があるので現在完了の文であると判断する。Aの過去分詞の前に空所があるので

yet ではなく経験を問う ever を入れる。経験を問われ，No と答えたあとなので，「一度も〜したことがない」を表す never を入れる。

⑥ (1)before「以前に」があるので現在完了の「経験」の文。

(4)〈be 動詞＋過去分詞〉で受け身の文にする。

⑦ (1)see の過去分詞は seen。

(2) ⚠️ミス注意! 「一度も〜ない」を表す never を使うときは not は使わない。

(4)already「すでに」は完了を表す肯定文の中で使うので，ここでは不要。否定文，疑問文では yet を使う。yet は否定文では「まだ」，疑問文では「もう」の意味。

⑧ (1)「〜に行ったことがある」は have[has] been to〜。「一度も〜ない」の never は **have[has]** と **been** の間に置く。

(2)write の過去分詞は written。

(3)「〜に泊まる」は stay at 〜。6語と指定があるので I have は短縮形の I've を使う。

PROGRAM 8 〜 Power –Up 5

p.62〜p.63 テスト対策問題

① ウ

② (1)みやげ (2)半分 (3)再生利用する

(4)爆弾 (5)特技，得意なこと (6)環境

(7)**forgot** (8)**receive** (9)**hair** (10)**agree**

③ (1)**looking for** (2)**Take, look**

(3)**Me neither** (4)**How have**

④ (1)**My father has been busy since yesterday.**（私の父は昨日から（ずっと）忙しいです。）

(2)**I haven't lived near the sea for five years.**（私は5年間海の近くに住んでいません。）

(3)**We have known each other since we were children.**（私たちは子どものころから（ずっと）おたがいを知っています。）

⑤ (1)その記念碑は毎年約1千万羽の折り鶴を受けとっています。 (2)**burned**

(3)**have been thinking, for, long time**

⑥ (1)**Has Kazuki been a doctor since 2000?**

19

(2) How long have you used the bike?

7 (1) I have been making a cake for three hours.

(2) Mary has been practicing the piano since 2 o'clock.

(3) They have been talking in front of the shop for an hour.

(4) Has Kento been playing soccer since this afternoon?

8 (1) He has been working since this morning.

(2) How long have you had the car?

解説

1 「ほしい」という状態が長く続いていることを表すため現在完了の継続用法が使われている。

♪ I don't have a camera. I have wanted a camera for a long time. I hope my father will give me one.

訳 私はカメラを持っていません。私は長い間カメラをほしいと思っています。父がそれを私にくれるといいなと思います。

2 (7) forget は不規則動詞，過去形は forgot。

3 (3) neither は否定文のあとで「～も…ない」。
(4) How are you? は「お元気ですか」と今現在の状態をたずねるあいさつ。How have you been? は「お元気でしたか」と過去から現在までの状況をたずねるあいさつ。

4 現在完了の「継続」は過去のあるときから現在まで，ある状態がずっと続いていることを表す。「継続用法」では**動作の起点を示す** since と**継続している期間を表す** for を使い分ける。

5 (2) 受け身の文。過去分詞にする。
(3) 「長い間」は **for a long time**。

6 (2) 「どのくらいの間～ですか」とたずねるときは how long を文頭に置く。

7 ある動作を過去から現在まで継続して行っていることを表すときは**現在完了進行形〈have [has] ＋ been ＋動詞の -ing 形〉**にする。

8 (1) 動作の継続は現在完了進行形を使って表す。
(2) 状態の継続は現在完了の継続用法で表す。期間をたずねるときは How long ～?

ポイント

・ある**状態**が過去から現在まで継続しているときは現在完了の継続用法，ある**動作**が継続しているときは「現在完了進行形」を使う。

・現在完了進行形は〈have [has] ＋ been ＋動詞の -ing 形〉で表す。否定文，疑問文の作り方は現在完了と同じ。

p.64～p.65 予想問題

1 ア

2 イ

3 (1) get well (2) passed away
(3) caught，cold

4 (1) has been swimming for
(2) have lived in，since
(3) has been sunny for

5 (1) Has he liked the song since he was ten?
(2) How long has Ryo wanted a new guitar?
(3) She has been listening to music for half an hour.

6 (1) been
(2) We've already learned a lot of things.
(3) Absolutely
(4) 私も広島平和記念公園に感動しました。

7 (1) I haven't heard from Rina for two months.
(2) How long have you worked at that company?
(3) My sister has been drawing a picture since this morning.
(4) Have you been watching TV for five hours?

8 (1) I haven't [have not] seen Yumi since last month.
(2) How long have you been sitting there?

解説

1 for three hours は「3時間」。会話では何時から何時まで勉強しているとは言われていないが，3時間なので4時から7時の時計がかかれている**ア**を選ぶ。**イ**は3時から7時の時計で，4時間なので不適切。

♪ *A:* What are you doing now, Mary?
It's seven. Let's have dinner.

B: Dad, I have been studying for three hours.

Q: What has Mary been doing?

訳 A：あなたは今何をしているのですか，メアリー。7時です。夕飯を食べましょう。

B：おとうさん，私は3時間ずっと勉強し続けています。

質問：メアリーはずっと何をしていますか。

2 since は現在完了の継続用法で使われ，ある動作や状態が始まったときを表す。「私(＝リョウ)はマコトと子どものころからよい友人である」と言っているので，正解は**イ**。

♪ *A:* Ryo, do you know Makoto? I have never met him.

B: Yes, Makoto and I have been good friends since we were children. Lisa, let's play tennis with him someday.

Q: How long has Ryo known Makoto?

訳 A：リョウ，あなたはマコトを知っていますか。私は彼に会ったことがないです。

B：はい，マコトと私は子どものころからよい友人です。リサ，いつか彼といっしょにテニスをしましょう。

質問：リョウはどれくらいの間マコトを知っていますか。

4 (1)動作の継続を表す現在完了進行形を使う。

(2)「住んでいる」という状態の継続を表すときは現在完了の継続用法を使う。

(3) ✑ミス注意! 天候は We have ～. や It is ～. の文で表す。It is sunny. を現在完了の文にする。

5 (2)「どれくらいの間」と期間をたずねるときは how long を文頭に置く。

(3) ✑ミス注意! 現在完了進行形の文にする。

6 (1)be 動詞の過去分詞は been。

(2)already は過去分詞の前に置く。

(4) ✑ミス注意! So was I. は直前の相手のことばに同調する表現で Me too. と同じ意味を表す。よって，"I was moved by the Hiroshima Peace Memorial Park." を引用して日本語にする。

7 (1)hear の過去分詞は heard。

(2)long を補う。

(3)現在完了進行形の文，drawing にかえる。

8 (2)「どれくらいの間」と期間をたずねるときは，How long ～? を使う。

Our Project 6 ～ Reading 3

p.67 テスト対策問題

1 (1)賞 (2)政府 (3)許可 (4)条件 (5)痛い
(6)満たす，充足させる (7)arrive (8)obey
(9)lives (10)wrote

2 (1)in fact (2)asked for
(3)up my mind

3 (1)The car was used by her yesterday.
(2)The story is known to many children.
(3)Were these cookies eaten by Ken?

4 (1)Studying math is a lot of fun for her.
(2)The girl didn't stop crying.

5 Could, way / on

解説

1 (9) ✑ミス注意! life「命」の複数形のつづりは「住む」live の三人称・単数・現在形と同じだが，発音は異なる。文の中での使われ方で名詞か動詞かを見分ける。

3 (1)受け身の文は〈be 動詞＋過去分詞〉で表し，動作の行為者がはっきり表すときは，あとに **by ...** を置いてそれを示す。受け身の文に書きかえるとき，be 動詞を主語の人称にあわせること，時制をもとの文とあわせることに注意する。

(2)be known to ～「～に知られている」の形にする。

(3) ✑ミス注意! 受け身の文を疑問文にするときは be 動詞を主語の前に出す。主語は these cookies，時制は過去なので be 動詞は were を使う。

4 (1) ✑ミス注意! 主語になる動名詞は三人称単数の扱いになることに注意。

5 道をたずねるときはていねいな依頼を表す **Could you ～?** を使うことが多い。ほかに Can you ～? なども使う。〈命令文＋, and ～〉は「…しなさい，そうすれば～」を表す。

ポイント

- 動名詞(動詞の -ing 形)は、主語、補語、動詞の目的語として使うことができる。
- stop, enjoy, finish などは、動名詞しか目的語にできない。

p.68〜p.69 予想問題

1 イ

2 ウ

3 (1)Thousands of　(2)go against
(3)Though

4 (1)you, me, to / and
(2)see[find], on

5 (1)able to speak　(2)are seen in
(3)more important than
(4)must not run

6 (1)limited
(2)彼はベルリンへ出発するために駅に行きました。
(3)any more
(4)I truly hope everyone will be safe.

7 (1)Talking with friends is as important as reading books.
(2)The baby was named Tom by them.
(3)How many times have you traveled by plane?

8 (1)What is this flower called in English?
(2)I like swimming better than running.
(3)My brother has been watching TV for three hours.

解説

1 友人が昨日ケンジに電話をしたが、留守だったので、どこにいたのかたずねている場面。ケンジの発言の2文目以下に示されている。

♪ *A:* Kenji, where were you yesterday? I called you yesterday afternoon. I wanted to go to see a movie with you.
B: I'm sorry. I was climbing the mountain with my family at that time. I was tired, but I was moved when I arrived at the top of the mountain.
A: I see. That's good.
Q: What did Kenji do yesterday?

訳 A:ケンジ、昨日はどこにいたのですか。私は昨日の午後あなたに電話しました。私はあなたと映画を見に行きたいと思ったのです。
　　B:ごめんなさい。私はそのとき家族と山登りをしていました。私は疲れたけれど、山頂に着いたときは感動しました。
　　A:そうでしたか。それはよかったですね。
　　質問:ケンジは昨日、何をしましたか。

2 as 〜 as ...を使った文と比較級の文を使って、それぞれのピアノの腕前を表現している。質問では最上級を使って3人のうちだれが一番ピアノがじょうずかをたずねている。

♪ Kate plays the piano well. And Kate's mother can play as well as Kate. Kate's sister plays better than Kate.
Q: Who can play the piano the best of the three?

訳 ケイトはピアノをひくのがじょうずです。そしてケイトの母はケイトと同じくらいじょうずにピアノをひけます。ケイトのお姉さんはケイトよりじょうずにピアノをひきます。
　　質問:3人の中でだれが一番じょうずにピアノをひけますか。

3 (1)thousands of 〜で「何千もの〜」。thousand を複数形にするのを忘れない。
(3)though は「(〜である)けれども、にもかかわらず」を表す接続詞。あとに〈主語＋動詞〉の文が必要。

4 (1)道をたずねるときの一般的な言い方。答えは「まっすぐ行ってください、そうすればそこへ着くでしょう」の意味。
(2)You can see it on your right. は「右側にそれが見えます」。「右側に」は前置詞 on を使う。

5 (1)「グリーンさんは日本語をじょうずに話すことができます」の文。be able to は can(〜できる)とほぼ同じ内容を表す。
(2)受け身の文に書きかえる。
(3) **ミス注意!**「健康はすべてのうちでもっとも重要です」を「健康はほかのどんなものよりも重要です」と書きかえる。「ほかのどんな〜」は〈any other＋単数名詞〉。

p.70 ～ p.71

(4)「この部屋の中で走らないでください」を「この部屋の中で走ってはいけません」に書きかえる。〈Don't＋動詞の原形 ～.〉＝〈You must not＋動詞の原形 ～.〉

6 (1)受け身の文。

(2)不定詞の副詞的用法。「～するために」と行動の目的を表す。

(3)「これ以上の…を～ない」は not ～ any more ...で表す。

(4)hope のあとに〈(that)＋主語＋(助)動詞〉を置いて「～を願う」。

7 (1)動名詞を主語として使う。

(2)〈name＋人＋...〉「～を…と名づける」を受け身の文にする。by を補って行為者を示す。

(3)回数をたずねるときは How many times ～? を使うので，補う語は times。

8 (1)疑問詞 what で始め，this flower を主語とする受け身の文を続ける。

(2)「～より…が好き」は like ... better than ～。

(3) ✍ミス注意! 「ずっと～し続けている」と，ある動作がずっと継続していることを示すときは，**現在完了進行形**を使い，〈**have[has] been＋動詞の -ing 形**〉の形で表す。

> **ポイント**
> ・現在完了形には，完了，経験，継続の３つの用法がある。
> ・現在完了進行形は〈have[has] been＋動詞の -ing 形〉。

p.70 ～ p.71 予想問題

1 ①

2 ア

3 (1)**in spite** (2)**has been drawing**

4 (1)**to eat** (2)**saying anything**

5 (1)**When was Keiko called by your sister?**

(2)**To study English is important for me.**

(3)**My bag is older than yours〔your bag〕.**

(4)**How much was the bag bought for by Rumi?**

(5)**Why did you go to Nagoya?**

6 (1)**had to**

(2)**The man showed him an old piece of paper.** (3)**in tears**

(4)千畝はヨーロッパにいたとき，「せんぽ」と自己紹介をしていました。

7 (1)**The room was cleaned by my mother just**

(2)**Eating breakfast is good for our health.**

(3)**How many cars were sold last month?**

8 (1)**Where was your car made?**

(2)**I have never been to the museum.**

解説

1 道案内の問題は，英文を聞きながら図と照らしあわせ，場所を正確に把握する。

♪ *A*: Excuse me, could you tell me the way to the flower shop?

　B: Sure. Go straight and turn right at the second corner and you can see it on your left.

　A: Thank you.

訳 A：すみません。花屋への行き方を教えていただけませんか。

　B：いいですよ。まっすぐに行って，2つ目の角を右に曲がると左側にありますよ。

　A：ありがとうございます。

2 だれがカードを送ったかを聞き取る問題。Riko の発言の It was sent by ～. に注意する。

♪ *A*: Riko, this card is very cute.

　B: Thank you, John. I have just received it. It was sent by Mako for my birthday. We have been good friends since last year.

　Q: Who sent the birthday card?

訳 A：リコ，このカードはとてもかわいいですね。

　B：ありがとう，ジョン。私はちょうどこれを受けとったところです。それは私の誕生日のためにマコによって送られました。私たちは昨年から仲よくしています。

　質問：だれが誕生日カードを送りましたか。

3 (2) ✍ミス注意! ある動作を現在まで「ずっと～し続けている」と言うときは〈have[has] been＋動詞の -ing 形〉で表す(**現在完了進行形**)。現在完了の継続用法との使い分けに注意。

4 (1)形容詞的用法の不定詞で表す。「食べるためのもの」と代名詞をあとから修飾する。

(2) 〈ミス注意!〉「彼女は何も言わずに家を出発しました」の文にする。「〜なしで」を表す without は前置詞なので，あとに動詞を置くときは動名詞の形（動詞の -ing 形）にする。「何か」は without が否定を表す語なので，something ではなく，否定文で使われる anything を使うことにも注意する。

5 (1)「ケイコはいつあなたの妹[姉]に電話されましたか」と受け身の文に書きかえる。

(2) To study English が主語。**動名詞，不定詞ともに主語になる**こともある。

(3) 〈ミス注意!〉 **not 〜 as ...は「…ほど〜でない」**。「あなたのかばんは私のものほど古くありません」を「私のかばんはあなたのかばんより古いです」に書きかえる。

(4) 〈ミス注意!〉 for は金額といっしょに使われると「〜と引き換えに」の意味を表す。元の文の意味は「ルミは 5,000 円でそのかばんを買いました」。受け身の文にして金額をたずねる文にする。つまり，「そのかばんはいくらでルミに買われましたか」の文を作る。

(5) 〈ミス注意!〉 名古屋に行った目的をたずねる文にするので「あなたはなぜ名古屋に行ったのですか」という文にする。Why 〜? の疑問文に対する答えの文は，Because を使った「〜だから」という答え方と，不定詞の副詞的用法を使った「〜するため」という 2 通りの答え方ができる。

6 (1)「〜しなければならない」の **have[has] to〜**を過去形の **had to** にする。

(2) a piece of 〜は「1 つ[1 枚]の」〜。〈show＋人＋もの〉で「〜に…を見せる」。**show は目的語を 2 つ置くことができる**動詞。ほかに **give，teach，tell** なども目的語を 2 つ置くことができる。

(4) introduce oneself は「自己紹介する」。as 〜は「〜として」を表す。

7 (1)「掃除された」は**受け身の文〈be 動詞＋過去分詞〉**の形で表す。「ちょうど」は just now で，過去分詞の直後に置くこともできる。

(2) 動名詞の形の主語を文頭に置く。

(3) 〈ミス注意!〉 数をたずねる表現〈**How many＋名詞の複数形**〉を主語とする受け身の疑問文を作る。cars を補う。主語が複数形，時制が過去なので be 動詞は were。

8 (1) 疑問詞 where を文頭に置き，「あなたの車」を主語にした受け身の疑問文を続ける。

(2) 〈ミス注意!〉「〜に行ったことがある」は **have[has] been to 〜**で表す。**have never been to 〜**で「一度も〜に行ったことがない」。never を入れる位置にも注意する。